소액 빌려준 돈 사기고소·소액 민사소송·지급명령신청 지침서

빌려준 돈
받는 방법

사기고소·민사소송
지급명령신청

편저 : 대한법률콘텐츠연구회

(콘텐츠 제공)

해설 · 최신서식

법문북스

머리말

사회생활을 하다보면 돈을 빌려 쓸 수도 있고 돈을 빌려줄 수도 있는데 보통 돈을 빌려줄 때는 주로 잘 아는 사람이 돈을 빌려달라고 하기 때문에 돈을 빌려줄 때 차용증을 작성해 달라고 하기가 곤란할 때가 있습니다.

돈을 빌려주고 돌려받기 위해서 그 빌려준 증표로 차용증을 대부분 작성하는데 많은 돈이 아니더라도 차용증을 받지 않고 돈을 빌린 사람이 돈을 갚지 않으면 하는 수 없이 그 채무자를 상대로 민사소송을 제기하여야 하는데 돈을 빌려주면서 차용증을 받지 않은 경우 돈을 빌려준 간접증거를 확보하고 소송하지 않으면 패소할 위험이 있습니다.

돈을 빌려가서 잘 사용했으면 그 돈을 갚아야 하는데 갚지 않아 돈을 빌려준 사람이 도저히 기다릴 수가 없어서 소송을 제기하면 감정을 품고 잘 아는 처지에서 차용증을 작성해 교부하지 않은 약점을 악용해 답변서를 통하여 차용증을 쓰지 않았고 이 돈은 돈을 빌려준 사람이 돈을 빌린 사람에게 어려울 때 그냥 쓰라고 준 증여라고 주장하면 돈을 빌려준 사람이 대여금임을 입증하지 못하면 엄청 고생만 하다가 잘못하면 돈을 빌려주고도 차용증이 없다는 이유로 그 소송에서 증여로 몰려 패소하는 위험이 높습니다.

빌려주게 된 동기에 따라 대여금은 사기죄가 성립할 수 있고 민사사안의 경우 민사소송을 제기할 수도 있고 독촉절차 지급명령을 신청하여 확정판결이나 집행력 있는 지급명령을 얻어 강제집행을 실시하여 빌려준 돈을 받아낼 수 있습니다.

대부분의 채권자들은 민사소송은 그 시일이 오래 걸린다는 이유로 무턱대고 돈을 빌려 간 사람을 사기죄로 형사고소를 하는 분들이 많습니다.

돈을 빌려간 사람을 사기죄로 형사고소를 하려면 우선 돈을 빌릴 당시 돈을 빌리는 사람이 기망행위가 있어야 하고 착오를 일으켜 돈을 빌려준 것임을 주장하고 입증하지 못하면 사기죄로 고소하더라도 돈을 빌려간 사람을 처벌할 수 없고 빌려준 돈을 돌려받기 어렵습니다.

빌려준 돈이 사기죄가 성립하기 위해서는

첫째, 돈을 빌려 줄지 여부를 결정지을 수 있는 중요한 사항에 관하여 허위사실을 말했을 때,

둘째, 용도를 속이고 돈을 빌린 경우 진정한 용도를 고지하였다면 돈을 빌려주지 않았을 때,

셋째, 돈을 빌리는 시점에 범죄의 의도가 있었으면 사기죄가 성립하여 고소하시면 처벌할 수 있습니다.

고소사건 중 가장 많은 부분 중의 하나를 차지하는 것이 대여금(빌려준 돈) 관련 사기사건입니다. 일반인의 입장에서 돈을 대여해주며 언제까지 갚기로 약속을 하였음에도 그 시기까지 변제하지 않는 경우 자신이 속아서 돈을 빌려준 것이기 때문에 사기 당했다고 생각해서 사기죄로 고소하는 경우가 많은 편입니다.

이러한 빌려준 돈 사기죄의 경우 돈을 빌려주는 것은 기본적으로 민사상의 채무불이행의 문제이므로 사기죄로 고소하더라도 고소장자체가 반려되는 경우가 많습니다.

따라서 빌려준 돈 사기죄 고소를 할 때 상대방이 처음 돈을 빌릴 당시부터 전혀 갚을 의사와 갚을 능력도 없는 상태였다는 점을 강조하고 이를 입증해야 합니다. 형법 제347조 사기죄는 다른 사람을 속여 그 사람으로부터 재물을 받거나 재산 상 이익을 얻는 것을 의미하기 때문입니다.

또한 상대방이 용도를 설명하며 돈을 빌렸다면 실제로 그 용도대로 사용하지 않았으면 이러한 사실을 밝혀 상대방으로부터 속았다는 사실을 적극적으로 주장하고 이를 입증해야 합니다.

그리고 돈을 갚지 않는 채무자들의 상당수는 아예 연락을 끊어버리고 잠적을 해버리는 일도 많기 때문에 첫째, 사기죄로 고소할 것인가 둘째, 민사소송을 제기할 것인가 셋째, 지급명령신청을 할 것인가의 해결방법에 대한 고민을 하는 것이 중요합니다.

본서를 접한 모든 분들은 빌려간 돈을 갚지 않으면 가차 없이 사기고소하여 한 번에 해결하시고 그래도 해결이 안 되면 민사소송을 제기해 바로 해결하시고 아니면 지급명령신청서를 잘 작성해 내시고 돈을 빌려가서 갚지 않는 사람을 상대로 단 한 번에 깔끔하게 해결해 늘 웃으시면서 건강하시기 바랍니다.

감사합니다.

편저자

차 례

본 문

최신 서식

본문

제1장 빌려준 돈 사기죄 고소

1. 빌려준 돈

잘 아는 사람이 돈을 빌려달라고 할 때에는 차용증을 받지 않는 경우가 많습니다. 돈이 있는 것을 알고 빌려달라고 하는데 거절하기도 어렵지만, 돈을 빌려주면서 차용증을 써달라고 하는 것도 쉽지 않습니다.

며칠만 쓰고 갚겠다고 하는데 굳이 약속어음 공정증서를 을 하자고 하거나 인감증명서를 첨부한 차용증서를 작성해 달라고 하면 기분이 나쁠 수 있습니다. 흔히 돈을 빌려주면서 이행 각서나 인감증명서 또는 어음 공증을 요구하면 안 빌려주면 그만이라는 표정으로 "됐어!"라고 말할 것이고, 그러면 괜히 친한 사이에 금이 갈까 두려워 필요한 서류를 요구하지 못하게 될 수밖에 없습니다.

2. 빌려준 돈 사기죄의 근거

돈을 갚지 않는 사람을 사기죄로 고소하기 위해서는 먼저 사기죄가 성립해야 합니다.

사기죄는 상대방을 기망하여 재산상의 이익을 취하거나 제3자로 하여금 재산상의 이익을 취하게 하는 것을 내용으로 합니다.

상대방을 기망한다는 것은 상대방을 속여 착오가 발생하게 한다는 것을 의미하기 때문에 돈을 빌릴 당시부터 상대방을 속였거나 차용증에 기재된 사실을 은닉하는 등의 행위를 했을 때 성립합니다.

사기죄가 성립하기 위해서는 돈을 빌릴 당시 고의성이 있냐 없느냐가 가장 중요한 기준이 됩니다.

돈을 빌릴 당시 고의성이 없었다면 사기죄는 성립하지 않습니다. 이는 채무불이행으로 민사사안이기 때문입니다.

대법원은 사기죄의 실행행위로서의 기망은 반드시 법률행위의 중요 부분에 관한 허위표시임을 요하지 아니하고 상대방을 착오에 빠지게 하여 행위자가 희망하는 재산적 처분행위를 하도록 하기 위한 판단의 기초가 되는 사실에 관한 것이면 족한 것이므로 용도를 속이고 돈을 빌린 경우에 있어서 만일 진정한 용도를 고지하였더라면 상대방이 돈을 빌려 주지 않았을 것이라는 관계에 있는 때에는 사기죄의 실행행위인 기망은 있는 것으로 보아야 한다고 판시하였습니다.

3. 빌려준 돈 사기죄 성립

첫째, 돈을 빌려 줄지 여부를 결정지을 수 있는 중요한 사항에 관하여 허위사실을 말했을 때,

둘째, 용도를 속이고 돈을 빌린 경우 진정한 용도를 고지하였다면 돈을 빌려주지 않았을 때,

셋째, 돈을 빌리는 시점에 범죄의 의도가 있었으면 사기죄가 성립하여 고소하시면 처벌할 수 있습니다.

고소사건 중 가장 많은 부분 중 하나를 차지하는 것이 대여금(빌려준 돈) 관련 사기사건입니다. 일반인의 입장에서 돈을 대여해주며 언제까지 갚기로 약속을 하였음에도 그 시기까지 변제하지 않는 경우 자신이 속아서 돈을 빌려준 것이기 때문에 사기 당했다고 생각해서 사기죄로 고소하는 경우가 많은 편입니다.

이러한 대여금(빌려준 돈) 사기의 경우 돈을 빌려주는 것은 기본적으로 민사상의 채무불이행의 문제이므로 사기죄로 고소하더라도 고소장자체가 반려되는 경우가 많습니다. 따라서 빌려준 돈 사기죄 고소를 할 때 상대방이 처음 돈을 빌릴 당시부터 전혀 갚을 의사와 갚을 능력도 없는 상태였다는 점을 강조하고 이를 입증해야 합니다. 형법 제347조 사기죄는 다른 사람을 속여 그 사람으로부터 재물을 받거나 재산 상 이익을 얻는 것을 의미하기 때문입니다.

또한 상대방이 용도를 설명하며 돈을 빌렸다면 실제로 그 용도대로 사용하지 않았으면 이러한 사실을 밝혀 상대방으로부터 속았다는 사실을 적극적으로 주장하고 이를 입증해야 합니다.

그리고 돈을 갚지 않는 채무자들의 상당수는 아예 연락을 끊어버리고 잠적을 해버리는 일도 많기 때문에 첫째, 사기죄로 고소할 것인가 둘째, 민사소송을 제기할 것인가 셋째, 지급명령신청을 할 것인가의 해결방법에 대한 고민을 하는 것이 중요합니다.

4. 사기죄 처벌규정

형법 각칙 제39장 사기와 공갈의 죄중 형법 제347조 사기죄 제1항은 사람을 기망하여 재물의 교부를 받거나 재산상의 이익을 취득한 자는 10년 이하의 징역 또는 2,000만 원 이하의 벌금에 처하며, 같은 제2항은 제1항의 방법을 제3자로 하여금 재물의 교부를 받게 하거나 재산상의 이익을 취득하게 한 때에는 제1항의 형과 같다고 규정하고 있습니다.

사기죄는 사람을 기망하여 재물을 편취 또는 재산상의 불법한 이익을 취득하거나 제3자로 하여금 이를 얻게 하는 행위 및 이에 준하는 행위를 내용으로 하는 범죄를 말합니다.

그러므로 사기죄는 재물죄인 동시에 이득죄에 해당합니다.

5. 성립요건

사기죄가 성립하기 위해서는 1. 기망행위가 존재하여야 하고, 2. 착오가 야기 되어야 하며, 3. 처분행위가 발생하여야 하고, 3) 범인에 대한 고의가 인정되어야 합니다.

가. 기망행위

사기죄가 성립하기 위해서는 기망행위가 존재하여야 합니다.

기망행위는 널리 거래관계에서 지켜야 할 신의칙에 반하는 행위로서 사람으로 하여금 착오를 일으키게 하는 것을 말합니다.

나. 착오야기

사기죄가 성립하기 위해서는 착오가 야기되어야 합니다.

착오는 관념과 현실이 일치하지 않는 것을 말합니다.

기망행위와 상대방의 착오 사이에는 인과관계가 있어야 합니다. 그러나 기망행위가 착오에 대한 유일한 원인이 될 필요는 없습니다.

다. 처분행위

사기죄가 성립하기 위해서는 처분행위가 있어야 합니다.

처분행위는 직접 재산상의 손해를 초래하는 행위·수인 또는 부작위를 말합니다.

기망행위와 착오의 경우와 같이 피해자의 착오와 처분행위 사이에도 인과관계가 있어야 하며, 처분행위는 그것이 직접 재산상의 손해를 발생하는 것이어야 합니다.

라. 고의에 대하여

사기죄가 성립하기 위해서는 범인에 대한 고의와 함께 불법영득의 의사가 있어야 합니다.

6. 사기죄 고소

빌려준 돈을 갚지 않으면 가장 먼저 생각하는 해결책으로 고소해야겠다는 생각밖에 없을 것입니다.

돈을 빌려가고 갚지 않는다고 해서 모두 사기죄가 성립하고 처벌되는 것은 절대 아닙니다.

빌려준 돈에 대해서 사기죄로 고소하려면 먼저 사기죄가 성립하는지 그에 대한 가능성을 법리도 검토하고 면밀히 잘 따져봐야 합니다.

사람에 따라 금전을 거래하는 방법에 따라 모두 다르고 기망행위도 다르겠지만 돈을 빌리는 과정에서 상대방이 하는 약속에 따라 사기죄가 성립할 수도 있고 민사사안일 수도 있습니다.

민사사안에 가까운 금전거래는 증거자료를 수집하여 형사사안으로 끌어올린 다음 고소를 하지 않으면 고소장이 수사기관에 접수되면 바로 고소장을 심사하여 민사사안에 가깝거나 증거가 불충분한 것으로 판단되면 그 고소장은 검찰에 수사권이 있는 5억 원 이상인 사기죄 고소사건은 간이조사절차로 회부되어 1개월 이내에 불기소처분이 되거나 증거자료가 보완이 되었다면 통상수사절차로 다시 회부하게 되는데 극히 드물고 경찰에 수사권이 있는 5억 원 미만 사기죄 고소사건은 불송치 결정이 됩니다.

금전거래에 있어 사기죄가 성립되어 처벌되는 확률은 그렇게 높지 않습니다. 특히 빌려준 돈 갚지 않으면 사기죄로 고소하는 것은 편취의 범의를 범인이 스스로 자백하지 않는다면 범행 전후의 범인에 재력이나 환경 또는 범행의 내용 거래의 이행과정 등과 같은 객관적인 사정을 종합하여 사기죄의 성립여부를 판단할 수밖에 없습니다.

말하자면 범인이 어느 부동산에 대하여 개발제한구역임에도 불구하고 얼마 전부터 개발이 허용될 것이라며 피해자에게 분양한 것이라면 허위 사실에 의한 기망행위가 되어 사기죄가 성립합니다.

빌려준 돈을 갚지 않는 사기죄는 피해자로부터 범인이 돈을 빌릴 당시 그 빌리는 돈을 사용할 용도나 변제할 수 있는 자금을 마련하는 방법을 속이는 경우 기망행위가 되어 사기죄로 고소하여 처벌할 수 있습니다.

이에 대한 기망행위는 거짓말이고 피해자의 착오는 범인이 돈을 빌릴 당시 사실대로 말을 하였다면 피해자가 돈을 빌려주지 않았을 경우가 착오에 해당됩니다.

빌린 돈을 사용할 용도나 변제자금의 마련방법에 관하여 진실에 반하는 사실을 고지하여 금전을 교부받은 경우라면 사기죄가 성립합니다. 그러므로 돈을 빌릴 당시 시골에 있는 땅을 팔아서 주겠다고 하여 돈을 빌려줬는데 그러한 땅을 범인이 소유한 사실조차 없는 경우를 들 수 있습니다. 유사한 사안으로 곗돈을 타거나 적금을 타면 바로 주겠다고 거짓말로 속이고 돈을 빌려 갚지 않는 경우도 마찬가지입니다. 또한 전세보증금으로 아니면 병원비로 자재대금으로 사용하겠다고 해서 빌려준 돈인데 변제하지 않아 확인한 바 인터넷에서 도박자금으로 모두 탕진하였다거나 차용 당시의 용도 이외의 다른 곳에 사용한 경우도 사기죄가 성립합니다.

그러므로 돈을 빌릴 당시 기망행위가 있어야 사기죄가 성립합니다.

따라서 빌려준 돈을 갚지 않아 사기죄로 고소하려면 범인이 돈을 빌리기 위해 고소인을 속인 기망행위가 있어야 하고, 또 그 기망행위에 의하여 착오에 빠져 돈을 교부하는 행위 말하자면 기망과 금원수수 간에 인과관계가 있어야 합니다.

가, 범죄사실의 입증

빌려준 돈을 갚지 않으면 사기죄로 고소하여 범인을 처벌하기 위해서는 범인이 피해자에게 어떠한 기망행위를 하였는지, 또 피해자가 무엇을 기망 당하였다는 것인지에 관하여 미흡하지 않는 범위 내에서 입증하여야 범인을 처벌할 수 있습니다.

사기죄가 성립하는지에 대해서는 그 행위 당시를 기준으로 판단하여야 합니다. 범인이 돈을 빌릴 당시에 변제할 의사와 능력을 가지고 있었다면 비록 돈을 갚지 않는다고 하더라도 민사상 채무불이행에 불과한 민사사안에 가깝고 사기죄는 성립하지 않아 처벌할 수 없습니다. 따라서 일정한 날짜를 정하고 변제시기를 특정하고 해당 날짜에 돈을 갚지 않은 것은 단순한 채무불이행으로 만사사안에 가까울 뿐 사기죄가 성립하려면 돈을 빌릴 당시 피해자를 속이고 돈을 빌린 사실을 입증해야 합니다.

그래서 빌린 돈을 갚지 않아 사기죄로 고소하려면 용도나 변제방법을 속이거나, 돈을 빌릴 당시를 기준으로 범인에게 변제할 의사와 능력이 없었음에도 변제할 수 있다고 피해자를 속였다는 사실을 입증하여야만 사기죄로 처벌할 수 있습니다. 사기죄의 핵심은 변제시점이 아니고 기준시점이 돈을 빌릴 당시이고, 그 후 사정에 의하여 돈을 변제하지 못했다고 하더라도 사기죄는 성립하지 않습니다.

나, 고소장 작성내용

사기죄 고소장에는 고소인의 인적사항과 피고소인의 인적사항을 기재하여야 합니다.

그 다음으로는 고소취지라고 기재하고 그 아래로 고소인은 피고소인을 형법 제347조 사기죄로 고소하오니 법에 준엄함을 깨달을 수 있도록 철저히 수사하여 엄벌에 처하여 달라는 처벌의 뜻을 꼭 기재하여야 합니다.

그 아래로 범죄사실이라고 기재하고 그 아래로 고소인이 입은 피해사실을 기재합니다.

범죄사실 및 피해사실은 수사기관(사기피해액이 5억 원 이상은 검찰에 수사권이 있고, 5억 원 미만은 경찰에 수사권이 있습니다)에서 피해 입은 사실이 무엇인지 무슨 내용인지 수사기관에서 알 수 있을 정도로 명확하고 특정하여야 합니다.

다, 고소장 접수방법

사기죄 고소장은 사기죄 범죄피해액이 5억 원 이상인 사건의 수사권은 검찰에 있으므로 피고소인의 주소지를 관할하는 지방검찰청이나 지청에 5억 원 미만 사건은 경찰에 수사권이 있으므로 피고소인의 주소지를 관할하는 경찰서에 고소장을 접수하여야 합니다.

대부분 사기죄 고소장이 수사기관에 접수되면 고소인부터 고소인 진술을 마치고 피고소인에게 3회 이상 문자메시지 또는 휴대전화 등으로 출석요구를 하는데 피고소인이 이에 불응하면 고소사건은 고소인의 주소지를 관할하는 수사기관에 고소장을 제출한 경우 피고소인의 주소지를 관할하는 수사기관으로 사건을 인계할 수밖에 없으므로 이렇게 되면 사건은 그만큼 지연되기 때문입니다.

제2장 소액 민사소송 방법

1. 소액사건

소액은 소액사건심판규칙제1조의2(소액사건의 범위) 소액사건심판법 제2조 제1항에 따라 제소한 때의 소송목적의 값(소가)이 3,000만 원을 초과하지 아니하는 금전 기타 대체물이나 유가증권의 일정한 수량의 지급을 목적으로 하는 제1심의 민사사건을 말합니다. 다만, 1.소의 변경으로 본문의 경우에 해당하지 아니하게 된 사건 2.당사자참가, 중간확인의 소, 반소의 제기 및 변론의 병합으로 인하여 본문의 경우에 해당하지 않는 사건과 병합심리하게 된 사건은 이를 제외합니다.

2. 간이소송절차

통상의 소송절차에는 그 시일이 오래 걸리고 들어가는 비용도 많이 들고 승소를 위해 그만큼 노력을 기울려야 하기 때문에 당사자는 물론 법원에게도 큰 부담이 될 수 있어 현행법은 통상의 소송절차를 축소시킨 간이소송절차를 마련하였습니다. 간이소송절차에는 첫째, '소액사건심판절차', 둘째, '독촉절차 지급명령' 의 두 가지를 규정하고 있습니다.

3. 소액 민사소송

소액사건심판절차를 가리켜 실무에서는 이를 '소액 민사소송'이라고 합니다. 다음부터는 소액사건심판절차를 '소액 민사소송'으로 줄여 쓰겠습니다. 소액 민사소송은 제소한 때의 소송목적의 값(소가)이 3,000만 원을 초과하지 아니하는 금전 기타 대체물(동 종류의 물건으로 바꿀 수 있는 물건 예컨대 대여금, 공사대금, 물품대금, 매매대금, 손해배상금 등)이나 유가증권의 일정한 수량의 지급을 목적으로 하는 소액사건을 보다 간편하고 신속한 재판을 통하여 집행권원을 얻을 수 있도록 마련한 절차입니다.

실무에서는 이를 소액 빌려준 돈 받아내는 '소액 민사소송'이라고 합니다.

제3장 독촉절차 지급명령

독촉절차 지급명령은 금전 등의 지급을 목적으로 하는 청구권을 실현함에 있어서 채무자에게 지급명령이 송달되어야 하므로 채무자의 인적사항을 알아야 지급명령을 신청할 수 있는 등 일정요건이 갖추어지면 통상의 소송에 비하여 매우 저렴한 비용으로 집행권원을 쉽게 얻을 수 있도록 한 절차입니다.

실무에서는 이를 소액 빌려준 돈 받아내는 '독촉절차 지급명령신청' 이라고 합니다.

제4장 소액 민사소송과 지급명령신청의 특징

소액 민사소송은 쌍방심문에 의하는 판결절차의 일종이고 피고의 인적사항을 알지 못하더라도 기본정보(휴대전화 또는 계좌번호 등)만 알 경우 사실조회를 신청할 수 있고, 피고에게 공시송달의 요건이 갖추어진 경우 공시송달도 신청할 수 있고, 소액 민사소송은 소장이 접수되면 소장의 부본이나 제소조서 등본을 첨부하여 피고에게 보내고 청구취지대로 이행하라는 이행권고 결정을 할 수 있기 때문에 피고가 청구권의 다툼의 여지가 적어 변론의 필요성이 현저히 떨어지는 경우에 신속한 재판을 통하여 집행권원을 얻을 수 있습니다.

독촉절차 지급명령은 하나의 소송절차임에도 불구하고 소제기가 없고 변론을 하지 않으며 판결이 없다는 점, 당사자를 소환하거나 심문하지 않고 청구원인에 대한 소명방법도 불필요하고 서면심리로 지급명령신청서만을 근거로 하여 지급명령을 발하고 청구금액에는 제한이 없고 통상의 소송에 비하여 인지대가 10분의1밖에 되지 않고 지급명령을 신청하려면 채무자에 대한 인적사항을 알아야 하고 사실조회나 공시송달이 허용되지 않습니다.

채무자의 인적사항을 알고 있으면 지급명령을 신청하고 인적사항을 알지 못하는 경우에 인적사항의 사실조회나 공시송달이 허용되는 소액 민사소송을 접수하는 것이 소송비용도 적게 들고 훨씬 더 빨리 끝날 수 있는데 인적사항을 기재하지 않은 채 채무자의 직장 등으로 지급명령이 송달되고 채무자가 이의신청을 하지 않아 지급명령이 확정되었다 하더라도 강제집행을 하려면 동일인(주민등록번호)임을 증명하지 못해 강제집행을 할 수 없는 폐단이 생길 수 있기 때문에 채무자의 인적사항을 알아야만 지급명령을 신청할 수 있습니다.

제5장 관할법원

1. 소송 민사소송의 관할법원

소액 민사소송은 지방법원이나 지방법원지원의 단독판사가 관할하나 시법원이나 군법원이 설치된 관할구역 안의 소액 민사소송은 시법원이나 군법원의 판사가 전속적으로 관할합니다.

민사소송법 제8조에 따른 거소지 또는 의무이행지 법원이 관할법원으로 추가됨에 따라 원고는 자기의 주소지를 관할하는 지방법원이나 지방법원지원, 시법원 또는 군법원에도 소액 민사소송의 소를 접수할 수 있습니다.

2. 지급명령신청 관할법원

지급명령신청에 대한 관할법원은 사물관할과 토지관할이 있는데 사물관할은 소가 (청구금액)와 관계없이 시법원이나 군법원의 판사 또는 사법보좌관의 관할입니다.

토지관할은 채무자의 보통재판적이 있는 곳의 지방법원이나 민사소송법 제7조(근무지)의 제8조(거소지 또는 의무이행지)의 제9조(어음수표의 지급지)의 제12조(영업소 및 사무소)의 제18조(불법행위지)의 규정에 의한 관할법원의 전속관할입니다. 지급명령신청은 전속관할을 위반하면 다시 관할법원으로 이송을 하지 않고 독촉절차의 특성에 따라 지급명령의 신청을 각하합니다.

제6장 인지대 계산 방법 및 송달요금 예납 기준

1. 소액 민사소송의 인지대

소액 민사소송에 인지를 붙여야 하는데 인지대의 계산은 소제기 시 소송목적의 값(소가)을 정하고 이에 따른 인지액을 아래와 같이 산출하고 그 해당액의 인지를 소액 민사소송 소장의 여백에 붙이거나 현금으로 납부하고 그 납부서를 소액 민사소송의 소장에 첨부하시면 됩니다.

소송목적의 값이 1,000만 원 미만,

소가×0.005=인지대,

소송목적의 값이 1,000만 원 미만

3,000만 원 미만,(소액사건)

소가×0.0045+5,000=인지대,

붙여야 할 인지대가 1천원 미만의 경우 1천원의 인지를 붙이고 1천원 이상일 경우 1백원의 단수는 계산하지 않고 1만원 이상일 때는 현금으로 납부하고 그 납부서를 소액 민사소송 소장에 첨부하시면 됩니다.

2. 소액 민사소송의 송달요금

송달요금 1회분은 2021. 09. 01.부터 금 5,200원으로 인상되었습니다. 소액 민사소송의 송달요금은 원고 1인, 피고 1인을 기준으로 하여 각 10회분씩 총 20회분 금 104,000원의 송달요금을 예납하고 그 납부서를 인지대 납부서와 같이 소액 민사소송의 소장에 첨부하시면 더 이상 들어가는 비용은 없습니다.

3. 지급명령신청의 인지대

지급명령신청서에는 소제기에 준하여 소송목적의 값을 정하고 이에 따른 인지액을 아래와 같이 산출하고 해당액의 인지를 지급명령신청서의 여백에 붙이거나 현금으로 납부하고 납부서를 지급명령신청서에 첨부하시면 됩니다.

소송목적의 값이 1,000만 원 미만,

소가×0.005÷10=인지대,

소송목적의 값이 1,000만 원 이상

1억 원 미만,

소가×0.0045+5,000÷10=인지대,

소송목적의 값이 1억 원 이상

10억 원 미만,

소가×0.0040+55,000÷10=인지대,

소송목적의 값이 10억 원 이상

청구금액 제한없음,

소가×0.0035+555,000÷10=인지대,

첨부해야 할 인지대가 1천 원 미만의 경우 1천 원의 인지를 붙이고 1천 원 이상일 경우 1백 원의 단수는 계산하지 않고 1만 원 이상일 때는 현금으로 납부하고 그 납부서를 지급명령신청서에 첨부하시면 됩니다.

4. 지급명령신청의 송달요금

지급명령신청에는 청구금액에 상관없이 채권자 1인, 채무자 1인을 기준으로 각 6회분씩 총 12회분 금 62,400원의 송달요금을 예납하고 그 납부서를 인지대 납부서와 함께 지급명령신청서에 첨부하시면 더 이상 들어가는 비용은 없습니다.

5. 인지대 송달료 납부방법

인지대나 송달요금의 납부는 관할법원이 지방법원이나 지방법원지원의 경우 대부분 수납은행이 상주하기 때문에 수납은행의 창구에 인지대는 소송등 인지의 현금 납부서 3장으로 구성된 용지, 송달요는 송달요 예납추납 납부서 3장으로 구성된 용지를 비치하고 있으므로 수납하시면 창구에서 각 납부서 1장과 영수증 1장을 돌려주면 영수증은 잘 보관하시고 납부서는 소액 민사소송의 소장이나 지급명령신청서에 첨부하여 법원에 접수하시면 됩니다.

소액 민사소송이나 지급명령신청은 시법원이나 군법원이 관할법원이므로 관할법원이 시법원이나 군법원인 경우 대부분 법원에 수납은행이 상주하지 않으므로 대법원사이트에 접속하고 관할법원찾기에서 해당 시법원이나 군법원의 전화번호와 위치를 확인하고 전화하여 외부에 있는 수납은행의 위치를 확인하고 이동하시면 번거로움을 줄일 수 있고 위와 같은 방법으로 수납하시면 됩니다.

제7장 빌려준 돈 소액 민사소송의 절차

법원은 소액 민사소송의 소장이 접수되면 소장의 심사를 거쳐 원고에게 승소할 가능성이 높고 청구취지나 청구원인에 특별이 보정하여야 할 흠결사항이 없으면 소장의 부본이나 제소조서를 첨부하여 피고에게 보내고 청구취지대로 이행하라는 이행권고 결정을 할 수 있습니다.

피고는 이행권고 결정을 송달받은 날부터 2주일(14일) 내에 서면으로 이행권고 결정을 발한 그 법원에 이의신청을 할 수 있습니다.

이행권고 결정에 대하여 피고가 2주일(14일) 내에 이의신청을 하지 않았거나 이의신청을 하였으나 후에 이의신청을 취하였거나 이의신청의 기간이 지난 후 이의신청을 하여 각하결정이 확정된 경우 이행권고 결정은 확정됩니다.

확정된 이행권고 결정은 확정판결과 같은 효력이 있다는 것은 기판력은 생기지 않지만 집행력과 확정력이 부여되어 바로 강제집행을 실시할 수 있는 집행권원이 되기 때문에 이로써 소액 민사소송은 모두 종료됩니다.

법원은 위와 같이 소액 민사소송에 대한 이행권고 결정을 거치지 않거나 이행권고 결정을 송달받은 피고가 이의신청을 한 경우에는 지체없이 최초의 변론기일을 지정하여야 하고, 되도록 1회심리기일로 변론을 종결하고 판결을 선고하도록 규정하고 있으므로 소액 민사소송은 저렴한 소송비용으로 누구든지 신속한 재판을 통하여 집행권원을 얻어 빌려준 돈을 받아내는 방법입니다.

소액 민사소송은 시법원이나 군법원이 전속관할이므로 원고가 살고 있는 주소지를 관할하는 지방법원에 소장을 접수할 때 시간이 여의치 못할 경우 소장을 작성하고 인터넷이나 가까운 신한은행에서는 인지대와 송달요금을 납부할 수 있으므로 가까운 우체국에서 법원으로 발송하시면 대부분 그 다음날이면 법원에 도착하여 접수가 됩니다.

소액 민사소송은 법원에 단 한 번도 가지 않고서도 법원에서 이행권고 결정을 피고에게 송부하고 피고가 이의신청을 하지 않으면 소장을 접수하고약 1개월 정도면 이행권고 결정이 확정될 수 있고 법원에서 이행권고 결정을 원고에게 보내주면 원고는 바로 이행권고 결정을 가지고 피고의 재산에 강제집행을 실시할 수 있습니다. 피고가 이행권고 결정에 대한 이의신청을 하였다고 하더라도 1회의 심리기일로 변론을 종결하고 그 즉시에서 판결을 선고하기 때문에 별 어려움이 없이 신속한 재판을 통하여 집행권원을 얻을 수 있습니다.

가족이나 회사의 직원으로 하여금 소송을 대리할 수도 있습니다.

소송대리는 그 위임장이나 가족 또는 직원임을 증명할 수 있는 신분관계를 입증할 자료를 첨부하여 소액 민사소송의 재판부에 변론기일에 이르러 법정에서 제출하고 소송대리로 하여금 소송을 끝낼 수도 있습니다.

한편 관할법원이 살고 있는 주소지와 거리가 먼 곳에 위치하고 있으면 가까운 곳에 위치한 법원에서 동영상기기를 이용한 재판을 받을 수도 있습니다. 소액 민사소송은 원격영상재판의 대상입니다.

1. 인적사항 특정

소액 민사소송은 재판의 효력이 미치고 강제집행의 대상이 되는 피고의 인적사항 (1)성명 (2)주소 (3)주민등록번호를 특정하여 소장에 기개하여야 합니다. 피고가 법인의 경우 법인등기사항전부증명서를 발급받아 소장에 첨부하고 법인등록번호와 대표자를 소장에 특정하시면 됩니다.

인적사항을 알지 못하고 피고가 사용하는 휴대전화와 금전거래 당시 피고의 계좌로 송금한 계좌번호 등을 알고 있는 경우 소액 민사소송의 소장을 작성할 때 피고의 인적사항 란을 공란으로 작성하고 기본정보를 활용하여 사실조회신청서를 작성해 소액 민사소송의 소장과 같이 법원에 제출하시고 사실조회로 피고의 인적사항을 확보하여 공란으로 기재하였던 피고의 당사자표시정정신청을 하시면 소송이 진행됩니다.

제8장 소액 빌려준 돈 지급명령신청 방법

지급명령은 채권자가 제출한 지급명령신청서만을 근거로 하여 서면심리만으로 지급명령신청의 각하사유만 없으면 채무자에의 이행명령으로 지급명령을 발합니다.

채무자는 지급명령을 송달받고 2주일(14일) 내에 서면으로 지급명령을 발한 그 법원에 이의신청을 할 수 있습니다. 채무자가 지급명령을 송달받고 2주일(14일) 내에 이의신청을 하지 않았거나 이의신청을 한 후에 채무자가 이의신청을 취하한 경우나 지급명령에 대한 이의신청이 부적법(이의신청기간을 도과한 경우)하여 각하결정이 확정되면 지급명령은 확정되고 확정된 지급명령은 확정판결과 같은 기판력은 생기지 않지만 지급명령에는 집행력과 확정력이 부여되어 강제집행을 할 수 있는 집행권원이 되기 때문에 이로써 지급명령신청사건은 모두 종료됩니다.

법원은 지급명령신청서가 접수되면 서면심사를 거쳐 채무자에의 이행명령으로 지급명령을 발하고 채무자에게 지급명령을 발송합니다. 이때 적법하게 지급명령이 채무자에게 송달되면 재판사무시스템에 송달일자를 공증하고 채무자가 이의신청을 하지 않아 지급명령이 확정된 경우 재판사무시스템에 확정일자를 공증합니다. 법원은 지급명령이 확정되면 채권자에게 확정된 지급명령정본을 발송하고 채권자는 지급명령정본을 송달받았으면 바로 강제집행을 할 수 있습니다.

지급명령이 채무자에게 송달불능 된 때에는 법원은 채권자에게 7일 이내에 채무자에게 지급명령을 송달할 수 있는 주소를 보정하라고 주소보정명령을 합니다. 채권자는 주소보정명령을 가지고 가까운 주민 센터로 가서 채무자의 주민등록초본을 발급받아 채무자가 다른 곳으로 이사를 했으면 이사한 주소지로 주소를 보정을 하시고 채무자가 그 주소지에 그대로 살고 있는 경우 다시 지급명령을 송달하는 재 송달신청을 하거나 채무자가 늦은 시간대에 퇴근하거나 귀가하는 등의 경우에는 소속 집행관으로 하여금 지급명령을 송달하는 특별송달을 신청하시면 됩니다.

채무자가 주민등록만 주소지에 옮겨놓고 실제 다른 곳에 살고 있어서 통상의 방법으로는 지급명령을 송달할 수 없는 경우 바로 소제기를 신청하지 않으면 지급명령신청에서는 공시송달이 허용되지 않으므로 지급명령신청이 각하됩니다. 소재기 신청이 있으면 지급명령신청사건은 바로 통상의 소송절차인 본안재판부로 넘어갑니다.

본안재판장은 채권자가 공시송달에 의한 판결을 받을 목적으로 소제기신청을 하고 지급명령신청사건에 대한 공시송달의 요건이 갖추어졌다면 예를 들어 채무자의 주민등록이 말소되었거나 채무자가 주민등록만 옮겨놓고 실제 다른 곳에서 살고 있어 지급명령을 송달할 수 있는 경우는 공시송달할 것을 명하고 바로 제1차 변론기일을 지정하고 증거조사를 마치고 변론을 종결할 수 있도록 준비할 것을 명하여야 합니다.

지급명령신청이 전속관할을 위반하면 다시 관할법원으로 이송하지 아니하고 지급명령신청을 각하합니다. 독촉절차 지급명령신청에 적용될 수 없는 예를 들어 특정물인도청구나 제3자 이의의 소나 청구이의의 소를 지급명령으로 신청한 경우 지급명령신청은 각하됩니다. 지급명령신청 취지로 보아 청구에 정당한 이유가 없는 것이 명확한 경우 예를 들어 이자제한법에 대한 위배된 경우나 불법원인급여의 반환청구는 지급명령신청은 각하됩니다. 지급명령이 공시송달의 방법에 의하지 아니하고는 지급명령을 송달할 수 없는 경우에 청구원인을 소명하지 못한 경우에는 지급명령신청을 각하합니다.

최신서식

(1)빌려준 돈 사기죄 고소장 - 사기죄 변제방법을 속이고 돈을 빌려간 후 갚지 않아
출국금지요청과 처벌을 요구하는 고소장

고 소 장

고　소　인 : ○　　○　　　○

위 고소 대리인 : ○　　○　　　○

피 고 소 인 : ○　　○　　　○

충남 천안서북경찰서장 귀중

고 소 장

1.고 소 인

성　　명	○ ○ ○	주민등록번호	-
주　　소	충청남도 천안시 서북구 ○○로○길 ○○, ○○○호		
직　　업	회사원	사무실 주　소	생략
전　　화	(휴대전화) 010 - 8765 - 0000		
대리인에 의한 고　　소	□ 고소 대리인 인적사항 아래와 같습니다.		

고소위임장

　　위 고소인 ○○○은 충청남도 천안서북경찰서에 피고소인 ○○○(주민등록번호)을 형법 제347조 제1항 사기혐의로 고소함에 있어 위 고소인의 사정으로 인하여 아래 사람을 고소 대리인으로 정하고 동인에게 고소인 진술이나 취소 등 고소와 관련한 일체의 권한을 위임하고 후면에 고소인의 인감증명서를 첨부합니다.

고소대리인

성　　명	○ ○ ○	주민등록번호	생략
주　　소	충청남도 천안시 서북구 ○○로 ○○, ○○○호		
직　　업	상업	사무실 주　소	생략
전　　화	(휴대전화) 010 - 9876 - 0000		
기타사항	이 사건 고소인의 남편입니다.		

2. 피고소인

성 명	○ ○ ○		주민등록번호	생략
주 소	충청남도 천안시 서북구 ○○로○○길 ○○○,			
직 업	무지	사무실 주 소	생략	
전 화	(휴대전호) 010 - 2367 - 0000			
기타사항	고소인과의 관계 - 친·인척관계 없습니다.			

3. 고소취지

   고소인은 피고소인 ○○○을 형법 제347조 제1항 사기혐의로 고소하오니 철저히 수사하여 법에 준엄함을 깨달을 수 있도록 엄벌에 처해 주시기 바랍니다.

4. 범죄사실

（1） 고소인과 피고소인의 관계

   고소인은 주소지에 거주하는 가정주부로서, 피고소인은 고소인과 같은 직장에 다니면서 알고 지내는 사이입니다.

（2） 피고소인의 기망

   피고소인은 ○○○○. ○○. ○○. 14:50경 사실은 고소인으로부터 돈을 빌리더라도 이를 갚을 **의사나 변제할 능력이 없음**에도 불구하고 마치 돈을 빌려주면 2달 후에 갚을 것이라고 거짓말을 하여 이에 속은 고소인으로부터 ○○○○. ○○. ○○. 금 ○,○○○만 원을 교부받아 이를 편취하였습니다.

5.고소이유

(1) 피고소인은 ○○○○. ○○. ○○. 고소인에게 "급히 돈이 필요해서 그러는데 2달 후면 ○○은행에 가입한 적금이 만기가 도래하여 돈을 갚을 수 있으니 걱정 말고 돈 ○,○○○만 원을 빌려달라"고 요청했습니다.

(2) 고소인은 평소 피고소인과 친분도 있었고, 같은 직장에도 다녔던 관계도 있고, 또 2달 후 ○○은행에서 적금을 만기가 도래되어 여유자금이 생긴다는 피고소인의 말을 믿고 ○○○○. ○○. ○○. 피고소인의 요청대로 변제기일을 2달 후인 ○○○○. ○○. ○○.로 하여 금 ○,○○○만 원을 피고소인에게 빌려주었습니다.

(3) 그런데 피고소인은 당초 약속한 ○○○○. ○○. ○○.로부터 2개월이 훨씬 지난 지금 이 시간까지 위 빌려간 돈을 갚지 않고 있습니다.

고소인으로서는 이러한 피고소인의 미변제행위로 인하여 극심한 피해를 입고 있는 상황입니다.

(4) 더욱이 고소인이 놀라운 것은 피고소인이 고소인에게 **했던 말과는 달리** ○○○○. ○○. ○○.당시 ○○**은행이나 또 다른 은행에도 적금에 가입**되어 있는 것도 전혀 없었으며, 극심한 경제난에 시달리고 있었다는 것입니다.

(5) 결국 피고소인은 고소인으로부터 위 ○,○○○만 원을 빌리고서도 약속한 기일에 갚을 의사도 없었고, 변제할 능력이 없으면서 마치 갚을 것처럼 ○○은행에서 적금을 타서 주겠다는 거짓말을 하여 위 돈을 받아간 것이므로 이는 명백한 **사기행위에 해당**된다 할 것이므로 **기소** 쪽으로의 확고한 의지를 가지고 고소인의 진술에 귀 기울여 실체적 진실을 밝히고 피고소인을 엄벌에 처할 수 있게 즉각적이고도 철저한 수사를 하여 주시기 바랍니다.

(6) 출국금지의 필요성

피고소인은 현재 가족이 **미국**에 있으며, 피고소인도 1년에 수십 차례나 미국을 다녀오고 있는 실정입니다.

만약, 피고소인이 고소인에 의하여 고소된 사실을 알게 되면 바로 미국으로 도주할 우려가 다분히 있으므로 피고소인에 대해서는 **출국금지** 조치가 필요하다고 판단되오니 즉각적인 출국금지조치를 내려 주시기를 요청합니다.

6.증거자료

□ 고소인은 고소인의 진술 외에 제출할 증거가 없습니다.

■ 고소인은 고소인의 진술 외에 제출할 증거가 있습니다.

☞증거자료의 세부내역은 별지를 작성하여 첨부합니다.

7.관련사건의 수사 및 재판여부

① 중복 고소여부	본 고소장과 같은 내용의 고소장을 다른 검찰청 또는 경찰서에 제출하거나 제출하였던 사실이 있습니다 □ / 없습니다 ■
② 관련 형사사건 수사유무	본 고소장에 기재된 범죄사실과 관련된 사건 또는 공범에 대하여 검찰청이나 경찰서에서 수사 중에 있습니다 □ / 수사 중에 있지 않습니다 ■
③ 관련 민사소송 유무	본 고소장에 기재된 범죄사실과 관련된 사건에 대하여 법원에서 민사소송 중에 있습니다 □ / 민사소송 중에 있지 않습니다 ■

7.기타

본 고소장에 기재한 내용은 고소인이 알고 있는 지식과 경험을 바탕으로 모두 사실대로 작성하였으며, 만일 허위사실을 고소하였을 때에는 형법 제156조 무고죄로 처벌받을 것임을 아울러 서약합니다.

○○○○ 년 ○○ 월 ○○ 일

위 고소인 : ○   ○   ○   (인)

충남 천안서북경찰서장 귀중

별지 : 증거자료 세부 목록

(범죄사실 입증을 위해 제출하려는 증거에 대하여 아래 각 증거별로 해당 난을 구체적으로 작성해 주시기 바랍니다)

1. 인적증거

성 명	○ ○ ○		주민등록번호	생략	
주 소	자택 : 천안시 ○○로 ○○길 ○○, ○○○ 직장 : 상동		직업	회사원	
전 화	(휴대폰) 010 - 9904 - 0000				
입증하려는 내 용	위 ○○○은 고소인과는 직장동료로서 피고소인과 금전거래를 한 사실에 대해서 듣고 목격한 사실이 있으므로 이를 입증하고자 합니다.				

2. 증거서류

순번	증 거	작성자	제출 유무
1	온라인 송금영수증	고소인	■ 접수시 제출 □ 수사 중 제출
2	지불이행각서	피고소인	■ 접수시 제출 □ 수사 중 제출
3	고소인 인감증명서	고소인	■ 접수시 제출 □ 수사 중 제출
4			□ 접수시 제출 □ 수사 중 제출
5			□ 접수시 제출 □ 수사 중 제출

3. 증거물

순번	증 거	소유자	제출 유무
1	송금영수증	고소인	■ 접수시 제출 □ 수사 중 제출
2	지불이행각서	고소인	■ 접수시 제출 □ 수사 중 제출
3			□ 접수시 제출 □ 수사 중 제출
4			□ 접수시 제출 □ 수사 중 제출
5			□ 접수시 제출 □ 수사 중 제출

4. 기타증거

추후 필요에 따라 제출하겠습니다.

(2)빌려준 돈 사기죄 고소장 - 사기죄 계돈 타서 갚겠다고 변제방법을 속이고 돈을
빌린 후 갚지 않아 사기죄로 처벌요구 고소장

고 소 장

고 소 인 : ○   ○   ○

피 고 소 인 : ○   ○   ○

전라남도 곡성경찰서장 귀중

고 소 장

1.고소인

성 명	○ ○ ○	주민등록번호	생략
주 소	전라남도 곡성군 곡성읍 ○○로 ○○길 ○○○,		
직 업	생략	사무실 주 소	생략
전 화	(휴대폰) 010 - 2389 - 0000		
대리인에 의한 고 소	□ 법정대리인 (성명 : , 연락처) □ 소송대리인 (성명 : 변호사, 연락처)		

2.피고소인

성 명	○ ○ ○	주민등록번호	생략
주 소	전라남도 곡성군 옥과면 ○○로 ○○, ○○호		
직 업	상업	사무실 주 소	생략
전 화	(휴대폰) 010 - 1267 - 0000		
기타사항	고소인과의 관계 - 친·인척관계 없습니다.		

3.고소취지

고소인은 피고소인에 관하여 다음과 같이 형법 제347조 제1항 사기죄로 고소하오니 법에 준엄함을 깨달을 수 있도록 철저히 수사하여 엄벌에 처해 주시기 바랍니다.

4.범죄사실

(1) 고소인에게 피고소인이 찾아와서 시장에서 장사하는 사람들과 계를 하고 있는데 돈 ○,○○○만 원을 빌려주면 자신이 ○○.달에 계를 타면 바로 주겠다고 해서 고소인은 그 동안의 친분도 있고 하여 거절하지 못하고 ○○○○. ○○. ○○. 금 ○,○○○만 원을 빌려주었습니다.

(2) 그런데 준다고 약속한 ○○.말이 되도 피고소인은 돈을 갚지 않고 차일피일 하더니 돈을 갚지 않고 다시 기일만 연기하였습니다.

(3) 그래서 고소인은 이후 사정을 알아보니 피고소인은 계를 핑계로 주위의 여러 이웃에게도 돈을 빌려 갚지 않은 것만 해도 무려 ○,○○○만 원이나 되는 것으로 확인했는데 피고소인은 ○○시장사람들과 계를 했다는 것도 계돈을 ○○.달에 탄다는 것도 모두 거짓이었습니다.

(4) 따라서 피고소인이 고소인에게 금전을 차용할 때 그 **차용한 금전의 용도나 변제할 자금의 마련방법**에 관하여 사실대로 고지하였더라면 고소인이 피고소인에게 돈을 빌려줄 이유가 없었는데 피고소인이 **변제자금의 마련방법에 관하여 진실에 반하는 사실을 고지하여 금전을 교부받은 경우**에 사기죄에 해당합니다.

(5) 이에 고소인은 피고소인을 형법 제347조 제1항 사기죄로 고소하오니 엄중히 조사하여 처벌하여 주시기 바랍니다.

5.증거자료

□ 고소인은 고소인의 진술 외에 제출할 증거가 없습니다.

■ 고소인은 고소인의 진술 외에 제출할 증거가 있습니다.

☞ 제출할 증거의 세부내역은 별지를 작성하여 첨부합니다.

6.관련사건의 수사 및 재판여부

① 중복 고소여부	본 고소장과 같은 내용의 고소장을 다른 검찰청 또는 경찰서에 제출하거나 제출하였던 사실이 있습니다 □ / 없습니다 ■
② 관련 형사사건 수사유무	본 고소장에 기재된 범죄사실과 관련된 사건 또는 공범에 대하여 검찰청이나 경찰서에서 수사 중에 있습니다 □ / 수사 중에 있지 않습니다 ■
③ 관련 민사소송 유무	본 고소장에 기재된 범죄사실과 관련된 사건에 대하여 법원에서 민사소송 중에 있습니다 □ / 민사소송 중에 있지 않습니다 ■

7.기타

본 고소장에 기재한 내용은 고소인이 알고 있는 지식과 경험을 바탕으로 모두 사실대로 작성하였으며, 만일 허위사실을 고소하였을 때에는 형법 제156조 무고죄로 처벌받을 것임을 아울러 서약합니다.

○○○○ 년 ○○ 월 ○○ 일

위 고소인 : ○ ○ ○   (인)

전라남도 곡성경찰서장 귀중

별지 : 증거자료 세부 목록
　　　(범죄사실 입증을 위해 제출하려는 증거에 대하여 아래 각 증거별로 해당 난을 구체적으로 작성해 주시기 바랍니다)

1. 인적증거

성　명	○ ○ ○	주민등록번호	생략		
주　소	전라남도 곡성군 석곡면 ○○로 ○○○,			직업	상업
전　화	(휴대폰) 010 - 2890 - 0000				
입증하려는 내　용	위 ○○○은 고소인과 같은 시장에서 장사를 하면서 피고소인이 계를 타서 주겠다고 여러 사람에게 돈을 빌린 사실을 듣고 알고 있으며, 고소인이 돈을 발려줄 때 목격한 사실이 있어 이를 입증하고자 합니다.				

2. 증거서류

순번	증　거	작성자	제출 유무
1	송금영수증	고소인	■ 접수시 제출　□ 수사 중 제출
2	지불각서	고소인	■ 접수시 제출　□ 수사 중 제출
3			□ 접수시 제출　□ 수사 중 제출
4			□ 접수시 제출　□ 수사 중 제출
5			□ 접수시 제출　□ 수사 중 제출

3. 증거물

순번	증 거	소유자	제출 유무
1	지불각서	고소인	■ 접수시 제출　□ 수사 중 제출
2			□ 접수시 제출　□ 수사 중 제출
3			□ 접수시 제출　□ 수사 중 제출
4			□ 접수시 제출　□ 수사 중 제출
5			□ 접수시 제출　□ 수사 중 제출

4. 기타증거

추후 필요에 따라 제출하겠습니다.

(3)빌려준 돈 사기죄 고소장 - 사기죄 용도와 변제방법을 속이고 돈을 빌린 후 갚지
않아 처벌을 요구하는 사기죄 고소장

고 소 장

고 소 인 :　○　　　○　　　○

피 고 소 인 :　○　　　○　　　○

전라북도 순창경찰서장 귀중

고 소 장

1.고소인

성 명	○ ○ ○	주민등록번호	생략
주 소	전라북도 순창군 쌍치면 ○○로 ○○길 ○○○,		
직 업	생략	사무실 주 소	생략
전 화	(휴대폰) 010 - 8987 - 0000		
대리인에 의한 고 소	□ 법정대리인 (성명 : , 연락처) □ 소송대리인 (성명 : 변호사, 연락처)		

2.피고소인

성 명	○ ○ ○	주민등록번호	생략
주 소	전라북도 순창군 순창읍 ○○로 ○○, ○○호		
직 업	무지	사무실 주 소	생략
전 화	(휴대폰) 010 - 8765 - 0000		
기타사항	고소인과의 관계 - 친·인척관계 없습니다.		

3.고소취지

    고소인은 피고소인에 관하여 다음과 같이 형법 제347조 제1항 사기죄로 고소하오니 법에 준엄함을 깨달을 수 있도록 철저히 수사하여 엄벌에 처해 주시기 바랍니다.

4.범죄사실

(1) 고소인은 농업에 종사하고 있으면서 겨울철엔 농사일이 없어 전라북도 순창읍내로 나가 건축공사장에서 일을 하면서 피고소인과 같이 잠깐 일을 한 사실이 있어 알게 된 사이입니다.

(2) 피고소인은 ○○○○. ○○. ○○. 고소인에게 찾아와 전라북도 순창군 동계면 충효로 소재에서 단독주택을 건축하고 있다며 고소인에게 건축자금이 필요하다며 ○,○○○만 원만 빌려주면 건축공사비를 지급받아 지급하거나 건축주와 공사비에 대해서는 1층 부분만 임대를 놓고 그 보증금을 받아 고소인에게 지급하겠다고 해서 고소인은 영수증을 받고 피고소인에게 빌려주었습니다.

(3) 피고소인은 위 약속한 날짜가 되기 전 ○○○○. ○○. ○○. 다시 고소인에게 찾아와서 자신이 공사하는 현장에 대해서 건축주와 제101호를 임대를 놓고 그 보증금을 공사비로 충당하기로 하였는데 공사비가 부족해 곤란을 겪고 있다면서 ○,○○○만 원을 더 빌려주면 임대보증금을 받아 바로 지급하겠다고 해서 ○○○○. ○○. ○○. ○,○○○만 원을 빌려주고 차용증을 교부받았습니다.

(4) 변제기일이 지나도 변제를 하지 않고 고소인이 피고소인에게 전화로 연락을 해도 전화가 되지 않아 이상하게 생각하고 고소인이 피고소인이 건축한다는 전라북도 순창군 동계면 충효로 소재에서 단독주택공사현장을 찾아가 확인한바, 피고소인이 고소인에게 말한 번지는 답이었고, 여기엔 어느 누구가 건축허가도 받은 사실도 없고 지상에는 단독주택을 건축한 흔적이 전혀 없는 것을 목격(말미에 토지등기부등본과 현황사진을 첨부하겠습니다.)하고 피고소인에게 속은 것을 알았습니다.

(5) 따라서 피고소인이 고소인에게 금전을 차용할 때 그 **차용한 금전의 용도나 변제할 자금의 마련방법**에 관하여 사실대로 고지하였더라면 고소인이 피고소인에게 돈을 빌려줄 이유가 없었는데 피고소인이 **용도나 변제자금의 마련방법에 관하여 진실에 반하는 사실을 고지하여 금전을 교부받은 경우**에 사기죄에 해당합니다.

(6) 이에 고소인은 피고소인을 형법 제347조 제1항 사기죄로 고소하오니 철저히 조사하여 법의 준엄함을 깨달을 수 있도록 엄중히 처벌하여 주시기 바랍니다.

5.증거자료

☐ 고소인은 고소인의 진술 외에 제출할 증거가 없습니다.

■ 고소인은 고소인의 진술 외에 제출할 증거가 있습니다.

☞ 제출할 증거의 세부내역은 별지를 작성하여 첨부합니다.

6.관련사건의 수사 및 재판여부

① 중복 고소여부	본 고소장과 같은 내용의 고소장을 다른 검찰청 또는 경찰서에 제출하거나 제출하였던 사실이 있습니다 ☐ / 없습니다 ■
② 관련 형사사건 수사유무	본 고소장에 기재된 범죄사실과 관련된 사건 또는 공범에 대하여 검찰청이나 경찰서에서 수사 중에 있습니다 ☐ / 수사 중에 있지 않습니다 ■
③ 관련 민사소송 유무	본 고소장에 기재된 범죄사실과 관련된 사건에 대하여 법원에서 민사소송 중에 있습니다 ☐ / 민사소송 중에 있지 않습니다 ■

7.기타

　본 고소장에 기재한 내용은 고소인이 알고 있는 지식과 경험을 바탕으로 모두 사실대로 작성하였으며, 만일 허위사실을 고소하였을 때에는 형법 제156조 무고죄로 처벌받을 것임을 아울러 서약합니다.

○○○○ 년 ○○ 월 ○○ 일

위 고소인 : ○ ○ ○ 　　(인)

전라북도 순창경찰서장 귀중

별지 : 증거자료 세부 목록
　　　(범죄사실 입증을 위해 제출하려는 증거에 대하여 아래 각 증거별로 해당 난을
　　　구체적으로 작성해 주시기 바랍니다)

1. 인적증거

성 명	○ ○ ○	주민등록번호	생략		
주 소	전라북도 순창군 ○○면 ○○로 ○○○			직업	상업
전 화	(휴대폰) 010 - 2890 - 0000				
입증하려는 내 용	위 ○○○은 피고소인이 단독주택을 건축한다는 토지의 소유자로서 피고소인의 거짓을 증명하고자 합니다.				

2. 증거서류

순번	증 거	작성자	제출 유무
1	송금영수증	고소인	■ 접수시 제출　□ 수사 중 제출
2	차용증	고소인	■ 접수시 제출　□ 수사 중 제출
3			□ 접수시 제출　□ 수사 중 제출
4			□ 접수시 제출　□ 수사 중 제출
5			□ 접수시 제출　□ 수사 중 제출

3. 증거물

순번	증 거	소유자	제출 유무
1	차용증	고소인	■ 접수시 제출 □ 수사 중 제출
2			□ 접수시 제출 □ 수사 중 제출
3			□ 접수시 제출 □ 수사 중 제출
4			□ 접수시 제출 □ 수사 중 제출
5			□ 접수시 제출 □ 수사 중 제출

4. 기타증거

추후 필요에 따라 제출하겠습니다.

(4)빌려준 돈 사기죄 고소장 - 사기죄 차용금 사용용도 속이고 돈을 릴리고 갚지 않아 처벌을 요구하는 사기죄 고소장

고 소 장

고 소 인 : ○   ○   ○

피 고 소 인 : ○   ○   ○

청주시 흥덕경찰서장 귀중

고 소 장

1. 고 소 인

성 명	○ ○ ○		주민등록번호	생략
주 소	청주시 ○○구 ○○로 ○○, 109동 1203호			
직 업	가정주부	사무실 주 소	생략	
전 화	(휴대전화) 010 - 9808 - 0000			
대리인에 의한 고 소	□ 법정대리인 (성명 :　　,　　　연락처　　　　) □ 소송대리인 (성명 : 변호사,　　연락처　　　　)			

2. 피고소인

성 명	○ ○ ○		주민등록번호	모릅니다.
주 소	청주시 ○○구 ○○로 ○○, 빌라 ○○○호			
직 업	무직	사무실 주 소	없습니다.	
전 화	(휴대폰) 010 - 3210 - 0000			
기타사항	고소인과의 관계 - 친·인척관계 없습니다.			

3.고소취지

　　고소인은 피고소인을 형법 제347조 제1항 사기혐의로 고소하오니 법에 준엄함을 깨달을 수 있도록 엄벌에 처해 주시기 바랍니다.

4.범죄사실

(1) 고소인의 남편 ○○○이 피고소인에게 ○○○○. ○○. ○○. 1,000만 원을 빌려 줬습니다. 사업적으로 남편이 피고소인과 연계되어 있기도 하고 남편이 믿고 따르는 형님이기도 해서 다음 달에 적금을 타서 꼭 변제하겠다는 말을 고소인은 철썩 같이 믿고 고소인도 정말 어려운 형편이지만 대출까지 받아 피고소인의 하나은행계좌번호 ○○○-○○○-○○○○○로 3,000만 원을 송금하여 빌려 줬습니다.

(2) 그러나 갚겠다고 한 날짜에 원금은커녕 이자도 안 들어오고 이렇다 할 얘기가 없어서 대출받은 은행에 이자도 매달 지급해야 하는 딱한 처지에서 고소인이 직접 피고소인을 찾아가 돈을 갚아 달라고 독촉하자 피고소인은 무조건 ○○○○. ○○. ○○.에 갚겠다는 확답을 듣고 남편을 통해서 차용증도 써주겠다고 했습니다.

(3) 피고소인은 남편을 통해 차용증도 안 써주고 고소인이 차용증을 받으러 찾아가면 피하기가 일쑤고 원금은 고사하고 지금까지 이자 한번 도 준 적이 없다가 이제는 아예 사무실까지 정리해 잠적한 상태에서 고소인과 남편이 피고소인에게 전화하면 다른 사람들과는 전화를 통하면서 받지 않고 매번 피하기만 합니다.

(4) 솔직히 남편 돈 1,000만원 하고 고소인이 송금해준 3,000만 원은 대출을 받아 피고소인에게 준 것이고 대출금을 고소인이 갚아 나가는 형편이라 너무 속상합니다. 하지만 그분은 고소인으로부터 돈을 꿀 당시 신용불량자 상태에서 갚을 능력도 안 되었을 뿐만 아니라 처음부터 고소인에게 돈을 빌리더라도 변제할 의사 없이 돈을 빌려 착복한 것으로서 피고소인 때문에 저희처럼 피해보는 사

람이 없으리란 보장도 없고 너무나 괘씸하기도 해서 피고소인을 사기죄로 고소하오니 철저히 수사하시어 엄벌에 처하여 주시기 바랍니다.

5.증거자료

□ 고소인은 고소인의 진술 외에 제출할 증거가 없습니다.

■ 고소인은 고소인의 진술 외에 제출할 증거가 있습니다.

☞ 제출할 증거의 세부내역은 별지를 작성하여 첨부합니다.

6.관련사건의 수사 및 재판여부

① 중복 고소여부	본 고소장과 같은 내용의 고소장을 다른 검찰청 또는 경찰서에 제출하거나 제출하였던 사실이 있습니다 □ / 없습니다 ■
② 관련 형사사건 수사유무	본 고소장에 기재된 범죄사실과 관련된 사건 또는 공범에 대하여 검찰청이나 경찰서에서 수사 중에 있습니다 □ / 수사 중에 있지 않습니다 ■
③ 관련 민사소송 유무	본 고소장에 기재된 범죄사실과 관련된 사건에 대하여 법원에서 민사소송 중에 있습니다 □ / 민사소송 중에 있지 않습니다 ■

7.기타

본 고소장에 기재한 내용은 고소인이 알고 있는 지식과 경험을 바탕으로 모두 사실대로 작성하였으며, 만일 허위사실을 고소하였을 때에는 형법 제156조 무고죄로 처벌받을 것임을 아울러 서약합니다.

○○○○ 년 ○○ 월 ○○ 일

위 고소인 : ○ ○ ○   (인)

청주시 흥덕경찰서장 귀중

별지 : 증거자료 세부 목록
   (범죄사실 입증을 위해 제출하려는 증거에 대하여 아래 각 증거별로 해당 난을 구체적으로 작성해 주시기 바랍니다)

1. 인적증거

성 명	○ ○ ○	주민등록번호	생략		
주 소	자택 : 청주시 ○○구 ○○로 ○○, ○○ 직장 : 청주시 ○○구 ○○로 ○○○			직업	회사원
전 화	(휴대폰) 010 - 1245 - 0000				
입증하려는 내 용	위 ○○○은 피고소인이 많은 사람들로부터 고소인과 같은 방법으로 돈을 빌리고 갚지 않고 있는 사실을 잘 알고 있어 이를 입증하고자 합니다.				

2. 증거서류

순번	증 거	작성자	제출 유무
1	온라인 송금영수증	고소인	■ 접수시 제출 □ 수사 중 제출
2	고소인 통장거래내역	고소인	■ 접수시 제출 □ 수사 중 제출
3			□ 접수시 제출 □ 수사 중 제출
4			□ 접수시 제출 □ 수사 중 제출
5			□ 접수시 제출 □ 수사 중 제출

3. 증거물

순번	증 거	소유자	제출 유무
1	온라인 송금영수증	고소인	■ 접수시 제출 □ 수사 중 제출
2	고소인 통장거래내역	고소인	■ 접수시 제출 □ 수사 중 제출
3			□ 접수시 제출 □ 수사 중 제출
4			□ 접수시 제출 □ 수사 중 제출
5			□ 접수시 제출 □ 수사 중 제출

4. 기타증거

추후 필요에 따라 제출하겠습니다.

(5)빌려준 돈 사기죄 고소장 - 차용금 사기죄 차용한 금전의 용도나 변제할 자금의
마련방법을 속이고 편취하여 처벌요구 고소장

고 소 장

고 소 인 : ○   ○   ○

피 고 소 인 : ○   ○   ○

전라북도 순창경찰서장 귀중

고 소 장

1.고소인

성 명	○ ○ ○	주민등록번호	생략
주 소	전라북도 순창군 쌍치면 ○○로 ○○길 ○○○,		
직 업	생략	사무실 주 소	생략
전 화	(휴대폰) 010 - 8987 - 0000		
대리인에 의한 고 소	□ 법정대리인 (성명 : , 연락처) □ 소송대리인 (성명 : 변호사, 연락처)		

2.피고소인

성 명	○ ○ ○	주민등록번호	생략
주 소	전라북도 순창군 순창읍 ○○로 ○○, ○○호		
직 업	무지	사무실 주 소	생략
전 화	(휴대폰) 010 - 8765 - 0000		
기타사항	고소인과의 관계 - 친·인척관계 없습니다.		

3.고소취지

고소인은 피고소인에 관하여 다음과 같이 형법 제347조 제1항 사기죄로 고소하오니 법에 준엄함을 깨달을 수 있도록 철저히 수사하여 엄벌에 처해 주시기 바랍니다.

4.범죄사실

(1) 고소인은 농업에 종사하고 있으면서 겨울철엔 농사일이 없어 전라북도 순창읍내로 나가 건축공사장에서 일을 하면서 피고소인과 같이 잠깐 일을 한 사실이 있어 알게 된 사이입니다.

(2) 피고소인은 ○○○○. ○○. ○○. 고소인에게 찾아와 전라북도 순창군 동계면 충효로 소재에서 단독주택을 건축하고 있다며 고소인에게 건축자금이 필요하다며 ○,○○○만 원만 빌려주면 건축공사비를 지급받아 지급하거나 건축주와 공사비에 대해서는 1층 부분만 임대를 놓고 그 보증금을 받아 고소인에게 지급하겠다고 해서 고소인은 영수증을 받고 피고소인에게 빌려주었습니다.

(3) 피고소인은 위 약속한 날짜가 되기 전 ○○○○. ○○. ○○. 다시 고소인에게 찾아와서 자신이 공사하는 현장에 대해서 건축주와 제101호를 임대를 놓고 그 보증금을 공사비로 충당하기로 하였는데 공사비가 부족해 곤란을 겪고 있다면서 ○,○○○만 원을 더 빌려주면 임대보증금을 받아 바로 지급하겠다고 해서 ○○○○. ○○. ○○. ○,○○○만 원을 빌려주고 차용증을 교부받았습니다.

(4) 변제기일이 지나도 변제를 하지 않고 고소인이 피고소인에게 전화로 연락을 해도 전화가 되지 않아 이상하게 생각하고 고소인이 피고소인이 건축한다는 전라북도 순창군 동계면 충효로 소재에서 단독주택공사현장을 찾아가 확인한바, 피고소인이 고소인에게 말한 번지는 답이었고, 여기엔 어느 누구가 건축허가도 받은 사실도 없고 지상에는 단독주택을 건축한 흔적이 전혀 없는 것을 목격(말미에 토지등기부등본과 현황사진을 첨부하겠습니다.)하고 피고소인에게 속은 것을 알았습니다.

(5) 따라서 피고소인이 고소인에게 금전을 차용할 때 그 **차용한 금전의 용도나 변제할 자금의 마련방법**에 관하여 사실대로 고지하였더라면 고소인이 피고소인에게 돈을 빌려줄 이유가 없었는데 피고소인이 **용도나 변제자금의 마련방법에 관하여 진실에 반하는 사실을 고지하여 금전을 교부받은 경우**에 사기죄에 해당합니다.

(6) 이에 고소인은 피고소인을 형법 제347조 제1항 사기죄로 고소하오니 철저히 조사하여 법의 준엄함을 깨달을 수 있도록 엄중히 처벌하여 주시기 바랍니다.

5.증거자료

☐ 고소인은 고소인의 진술 외에 제출할 증거가 없습니다.

■ 고소인은 고소인의 진술 외에 제출할 증거가 있습니다.

☞ 제출할 증거의 세부내역은 별지를 작성하여 첨부합니다.

6.관련사건의 수사 및 재판여부

① 중복 고소여부	본 고소장과 같은 내용의 고소장을 다른 검찰청 또는 경찰서에 제출하거나 제출하였던 사실이 있습니다 ☐ / 없습니다 ■
② 관련 형사사건 수사유무	본 고소장에 기재된 범죄사실과 관련된 사건 또는 공범에 대하여 검찰청이나 경찰서에서 수사 중에 있습니다 ☐ / 수사 중에 있지 않습니다 ■
③ 관련 민사소송 유무	본 고소장에 기재된 범죄사실과 관련된 사건에 대하여 법원에서 민사소송 중에 있습니다 ☐ / 민사소송 중에 있지 않습니다 ■

7.기타

본 고소장에 기재한 내용은 고소인이 알고 있는 지식과 경험을 바탕으로 모두 사실대로 작성하였으며, 만일 허위사실을 고소하였을 때에는 형법 제156조 무고죄로 처벌받을 것임을 아울러 서약합니다.

○○○○ 년 ○○ 월 ○○ 일

위 고소인 : ○ ○ ○   (인)

전라북도 순창경찰서장 귀중

별지 : 증거자료 세부 목록
     (범죄사실 입증을 위해 제출하려는 증거에 대하여 아래 각 증거별로 해당 난을
     구체적으로 작성해 주시기 바랍니다)

1. 인적증거

성 명	○ ○ ○	주민등록번호	생략		
주 소	전라북도 순창군 ○○면 ○○로 ○○○			직업	상업
전 화	(휴대폰) 010 - 2890 - 0000				
입증하려는 내 용	위 ○○○은 피고소인이 단독주택을 건축한다는 토지의 소유자로서 피고소인의 거짓을 증명하고자 합니다.				

2. 증거서류

순번	증 거	작성자	제출 유무
1	송금영수증	고소인	■ 접수시 제출 □ 수사 중 제출
2	차용증	고소인	■ 접수시 제출 □ 수사 중 제출
3			□ 접수시 제출 □ 수사 중 제출
4			□ 접수시 제출 □ 수사 중 제출
5			□ 접수시 제출 □ 수사 중 제출

3. 증거물

순번	증 거	소유자	제출 유무
1	차용증	고소인	■ 접수시 제출 □ 수사 중 제출
2			□ 접수시 제출 □ 수사 중 제출
3			□ 접수시 제출 □ 수사 중 제출
4			□ 접수시 제출 □ 수사 중 제출
5			□ 접수시 제출 □ 수사 중 제출

4. 기타증거

추후 필요에 따라 제출하겠습니다.

(6)빌려준 돈 소액 민사소송 소장 - 대여금 청구의 소장 100만원 대여금 지급하지 않아 지급을 청구

소　장

원　고 : ○　　○　　○

피　고 : ○　　○　　○

대여금 청구의 소

소송물 가액금	금	1,000,000 원
첨부할 인지액	금	5,000 원
첨부한 인지액	금	5,000 원
납부한 송달료	금	104,000 원
비　　　고		

의정부지방법원 포천시법원 귀중

소 장

1. 원고

성 명	○ ○ ○	주민등록번호	생략
주 소	경기도 포천시 중앙로 ○○, ○○○-○○○호		
직 업	상업	사무실 주 소	생략
전 화	(휴대폰) 010 - 3345 - 0000		
대리인에 의한 고 소	이 사건 채권자입니다.		

2. 피고

성 명	○ ○ ○	주민등록번호	생략
주 소	경기도 포천시 ○○로 ○○길 ○○○, ○○호		
직 업	상업	사무실 주 소	생략
전 화	(휴대폰) 010 - 2389 - 0000		
기타사항	이 사건 채무자입니다.		

3.대여금 청구의 소

청 구 취 지

1. 피고는 원고에게 금 1,000,000원 및 이에 대하여 이 사건 소장부본이 송달된 그 다음날부터 다 갚는 날까지 연 12%의 비율에 의한 금원을 지급하라.

2. 소송비용은 피고의 부담으로 한다.

3. 위 제1항은 가집행할 수 있다.

라는 판결을 구합니다.

청 구 원 인

1. 원고는 ○○○○. ○○. ○○. 피고의 부탁에 의하여 차용증을 받고 피고의 거래은행 계좌번호 농협은행 ○○○-○○-○○○○○○으로 1회에 걸쳐 1,000,000원을 송금하고 빌려줬는데 변제하기로 한 지급기일이 훨씬 지나도록 차일피일 지체하면서 이를 변제하지 않고 있습니다.

2. 따라서 원고는 피고로부터 위 대여금 1,000,000원 및 이에 대한 이 사건 소장부본이 송달된 다음날부터 다 갚는 날까지는 소송촉진등에관한특례법에서 정한 연 12%의 각 비율에 의한 지연손해금의 지급을 받기 위하여 이 사건 청구에 이른 것입니다.

소 명 자 료 및 첨 부 서 류

1. 갑 제1호증   차용증

1. 갑 제2호증   계좌입금증

○○○○ 년 ○○ 월 ○○ 일

위 원고 : ○ ○ ○   (인)

의정부지방법원 포천시법원 귀중

(7)빌려준 돈 소액 민사소송 소장 - 대여금 청구의 소장 180만원 송금대여금 지급하
지 않아 지급청구

소 장

원 고 : ○   ○   ○

피 고 : ○   ○   ○

대여금 청구의 소

소송물 가액금	금	1,800,000 원
첨부할 인지액	금	9,000 원
첨부한 인지액	금	9,000 원
납부한 송달료	금	104,000 원
비 고		

광주지방법원 화순군법원 귀중

소 장

1. 원고

성 명	○ ○ ○		주민등록번호	생략
주 소	전라남도 화순군 화순읍 동헌길 ○○, ○○○호			
직 업	상업	사무실 주 소	생략	
전 화	(휴대폰) 010 - 9989 - 0000			
대리인에 의한 고 소	이 사건 채권자입니다.			

2. 피고

성 명	○ ○ ○		주민등록번호	생략
주 소	전라남도 화순군 화순읍 ○○길 ○○, ○○-○○호			
직 업	농업	사무실 주 소	생략	
전 화	(휴대폰) 010 - 7786 - 0000			
기타사항	이 사건 채무자입니다.			

3.대여금 청구의 소

청 구 취 지

1. 피고는 원고에게 금 1,800,000원 및 이에 대하여 이 사건 소장부본이 송달된 그 다음날부터 다 갚는 날까지 연 12%의 비율에 의한 금원을 지급하라.

2. 소송비용은 피고의 부담으로 한다.

3. 위 제1항은 가집행할 수 있다.

라는 판결을 구합니다.

청 구 원 인

1. 원고는 ○○○○. ○○. ○○. 피고의 간곡한 요청에 의하여 피고의 거래은행 계좌번호 우리은행 ○○○-○○-○○○○○○으로 1회에 걸쳐 1,800,000원을 송금하여 대여하였으나 변제하기로 한 지급기일이 훨씬 지나도록 이를 변제하지 않고 있습니다.

2. 그 후 원고는 피고에게 수차에 걸쳐 전화로 연락을 하였으나 이제는 아예 전화자체를 받지 않고 현재에 이르기까지 지급하지 않고 있습니다.

3. 따라서 원고는 피고로부터 위 대여금 1,800,000원 및 이에 대한 이 사건 소장부본이 송달된 그 다음날부터 다 갚는 날까지는 소송촉진등에관한특례법에서 정한 연 12%의 각 비율에 의한 지연손해금의 지급을 받기 위하여 이 사건 청구에 이른 것입니다.

소 명 자 료 및 첨 부 서 류

1. 갑 제1호증   온라인계좌송금영수증

○○○○ 년 ○○ 월 ○○ 일

위 원고 : ○ ○ ○ **(인)**

광주지방법원 화순군법원 귀중

(8)빌려준 돈 소액 민사소송 소장 - 대여금 계좌이체로 송금하여 빌려준 금액의 반환을 청구하는 소송의 소장

소　장

원　고　：　○　　　○　　　○

피　고　：　○　　　○　　　○

대여금 청구의 소

소송물 가액금	금	15,000,000 원
첨부할 인지액	금	72,500 원
첨부한 인지액	금	72,500 원
납부한 송달료	금	104,000 원
비　　　고		

울산지방법원 양산시법원 귀중

소　장

1. 원고

성　명	○ ○ ○	주민등록번호	생략
주　소	경상남도 양산시 ○○로 ○○길 ○○, ○○○호		
직　업	상업	사무실 주　소	생략
전　화	(휴대폰) 010 - 1255 - 0000		
대리인에 의한 고　소	이 사건 채권자입니다.		

2. 피고

성　명	○ ○ ○	주민등록번호	생략
주　소	경상남도 양산시 ○○로 ○길 ○○, ○○○호		
직　업	상업	사무실 주　소	생략
전　화	(휴대폰) 010 - 9876 - 0000		
기타사항	이 사건 채무자입니다.		

3.대여금 청구의 소

청 구 취 지

1. 피고는 원고에게 금 15,000,000원 및 이에 대하여 ○○○○. ○○. ○○.부터 소장부본이 송달된 날까지는 연 5%의, 그 다음날부터 다 갚는 날까지 연 12%의 비율에 의한 금원을 지급하라.

2. 소송비용은 피고의 부담으로 한다.

3. 위 제1항은 가집행할 수 있다.

라는 판결을 구합니다.

청 구 원 인

1. 원고는 ○○○○. ○○. ○○. 피고의 간곡한 요청에 의하여 피고의 거래은행 계좌번호 신한은행 ○○○-○○-○○○○○○으로 2회에 걸쳐 15,000,000원을 송금하여 대여하였으나 변제하기로 한 지급기일이 훨씬 지나도록 이를 변제하지 않고 있습니다.

2. 따라서 원고는 피고로부터 위 대여금 15,000,000원 및 이에 대한 ○○○○. ○○. ○○.부터 이 사건 소장부본이 송달된 날까지는 연 5%의, 그 다음날부터 다 갚는 날까지는 소송촉진등에관한특례법에서 정한 연 12%의 각 비율에 의한 지연손해금의 지급을 받기 위하여 이 사건 청구에 이르렀습니다.

소 명 자 료 및 첨 부 서 류

1. 갑 제1호증의 1. 2,   온라인송금영수증

○○○○ 년 ○○ 월 ○○ 일

위 원고 : ○ ○ ○   (인)

울산지방법원 양산시법원 귀중

(9)빌려준 돈 소액 민사소송 소장 - 대여금 청구의 소장 소액대여금 현금보관증으로
이자약정 지급청구

소　장

원　고　:　○　　　○　　　○

피　고　:　○　　　○　　　○

대여금 청구의 소

소송물 가액금	금	3,000,000 원
첨부할 인지액	금	15,000 원
첨부한 인지액	금	15,000 원
납부한 송달료	금	104,000 원
비　　　고		

정읍지원 고창군법원 귀중

소 장

1. 원고

성 명	○ ○ ○	주민등록번호	생략
주 소	전라북도 고창군 교촌 ○길 ○○○, ○○○호		
직 업	상업	사무실 주 소	생략
전 화	(휴대폰) 010 - 2345 - 0000		
대리인에 의한 고 소	이 사건 채권자입니다.		

2. 피고

성 명	○ ○ ○	주민등록번호	생략
주 소	전라북도 고창군 ○○로 ○길 ○○, ○○○호		
직 업	상업	사무실 주 소	생략
전 화	(휴대폰) 010 - 2333 - 0000		
기타사항	이 사건 채무자입니다.		

3.대여금 청구의 소

청 구 취 지

1. 피고는 원고에게 금 5,000,000원 및 이에 대하여 ○○○○. ○○. ○○.부터 소장부본이 송달된 날까지는 연 18%의, 그 다음날부터 다 갚는 날까지 연 12%의 비율에 의한 금원을 지급하라.

2. 소송비용은 피고의 부담으로 한다.

3. 위 제1항은 가집행할 수 있다.

라는 판결을 구합니다.

청 구 원 인

1. 원고는 ○○○○. ○○. ○○. 피고의 간곡한 요청에 의하여 피고로부터 현금보관증을 교부받고 금 5,000,000원을 빌려주면서 변제기일은 ○○○○. ○○. ○○.까지 이자는 매월 1.5%를 말일에 지급받기로 하고 대여한 사실이 있습니다.

2. 피고는 위 대여금에 대한 ○○○○. ○○.부터 ○○.까지의 3개월분 이자만 지급하고 지급기일이 훨씬 지나도록 조금만 기다려 달라며 변제를 미루어 오다가 현재에 이르기까지 위 대여금의 원리금을 지급하지 않고 있습니다.

3. 따라서 원고는 피고로부터 위 대여금 5,000,000원 및 이에 대한 ○○○○. ○○. ○○.부터 이 사건 소장부본이 송달된 날까지는 약정한 이자인 연 18%(계산의 편의상 월 1.5%를 연단위로 환산하였습니다)의, 그 다음날부터 다 갚는 날까지는 소송촉진등에관한특례법에서 정한 연 12%의 각 비율에 의한 지연손해금의 지급을 받기 위하여 이 사건 청구에 이르렀습니다.

소 명 자 료 및 첨 부 서 류

1. 갑 제1호증   현금보관증

○○○○ 년 ○○ 월 ○○ 일

위 원고 : ○ ○ ○   (인)

정읍지원 고창군법원 귀중

(10)빌려준 돈 소액 민사소송 소장 - 대여금 청구의 소장 소액 1,000만원 송금대여
변제하지 않아 지급청구

소　장

원　고　:　○　　　○　　　○

피　고　:　○　　　○　　　○

대여금 청구의 소

소송물 가액금	금	10,000,000 원
첨부할 인지액	금	50,000 원
첨부한 인지액	금	50,000 원
납부한 송달료	금	104,000 원
비　　　　고		

대전지방법원 금산군법원 귀중

소　장

1.원고

성　명	○ ○ ○	주민등록번호	생략
주　소	충청남도 금산군 금산읍 인삼로 ○길 ○○○, ○○○호		
직　업	상업	사무실 주　소	생략
전　화	(휴대폰) 010 - 2789 - 0000		
대리인에 의한 고　소	이 사건 채권자입니다.		

2.피고

성　명	○ ○ ○	주민등록번호	생략
주　소	충청남도 금산군 금산읍 ○○로 ○길 ○○, ○○호		
직　업	상업	사무실 주　소	생략
전　화	(휴대폰) 010 - 8788 - 0000		
기타사항	이 사건 채무자입니다.		

3.대여금 청구의 소

청 구 취 지

1. 피고는 원고에게 금 10,000,000원 및 이에 대하여 ○○○○. ○○. ○○.부터 소장부본이 송달된 날까지는 연 18%의, 그 다음날부터 다 갚는 날까지 연 12 %의 비율에 의한 금원을 지급하라.

2. 소송비용은 피고의 부담으로 한다.

3. 위 제1항은 가집행할 수 있다.

라는 판결을 구합니다.

청 구 원 인

1. 원고는 ○○○○. ○○. ○○. 피고의 간곡한 요청에 의하여 피고의 농협은행 계좌번호 ○○-○○○-○○○-○○○○으로 2회에 걸쳐 10,000,000원을 송금 하여 빌려주면서 변제기일은 ○○○○. ○○. ○○.까지 이자는 매월 1.5%를 말일에 지급받기로 하고 대여한 사실이 있습니다.

2. 피고는 위 대여금에 대한 ○○○○. ○○.까지의 1개월분 이자만 지급하고 지 급기일이 훨씬 지나도록 조금만 기다려 달라며 변제를 미루어 오다가 현재에 이르기까지 위 대여금의 원리금을 지급하지 않고 있습니다.

3. 따라서 원고는 피고로부터 위 대여금 10,000,000원 및 이에 대한 ○○○○. ○○. ○○.부터 이 사건 소장부본이 송달된 날까지는 약정한 이자인 연 18% (계산의 편의상 월 1.5%를 연단위로 환산하였습니다)의, 그 다음날부터 다 갚 는 날까지는 소송촉진등에관한특례법에서 정한 연 12%의 각 비율에 의한 지 연손해금의 지급을 받기 위하여 이 사건 청구에 이르렀습니다.

소 명 자 료 및 첨 부 서 류

1. 갑 제1호증의 1. 2.   온라인 계좌입금확인서

○○○○ 년 ○○ 월 ○○ 일

위 원고 : ○ ○ ○   (인)

대전지방법원 금산군법원 귀중

지 급 명 령 신 청 서

채 권 자 : ○ ○ ○

채 무 자 : ○ ○ ○

소송물 가액금	금	15,000,000 원
첨부할 인지액	금	7,200 원
첨부한 인지액	금	7,200 원
납부한 송달료	금	62,400 원
비 고		

울산지방법원 양산시법원 귀중

지급명령신청서

1.채권자

성 명	○ ○ ○	주민등록번호	생략
주 소	경상남도 양산시 ○○로 ○○길 ○○, ○○○호		
직 업	상업	사무실 주 소	생략
전 화	(휴대폰) 010 - 1255 - 0000		
대리인에 의한 고 소	이 사건 채권자입니다.		

2.채무자

성 명	○ ○ ○	주민등록번호	생략
주 소	경상남도 양산시 ○○로 ○길 ○○, ○○○호		
직 업	상업	사무실 주 소	생략
전 화	(휴대폰) 010 - 9876 - 0000		
기타사항	이 사건 채무자입니다.		

3.대여금 청구의 독촉사건

신 청 취 지

채무자는 채권자에게 아래의 청구금액 및 독촉절차비용을 지급하라.

라는 지급명령을 구합니다.

1. 금 15,000,000원

2. 위 1항의 금액에 대하여 ○○○○. ○○. ○○.부터 지급명령결정정본 송달 일
   까지는 연 5%의, 그 다음날부터 다 갚는 날까지 연 12%의 비율에 의한 금원.

3. 독촉절차 비용 69,600원(내역 : 송달료 62,400원, 인지대 7,200원)

신 청 이 유

1. 채권자는 ○○○○. ○○. ○○. 채무자의 간곡한 요청에 의하여 채무자의 거래
   은행 계좌번호 신한은행 ○○○-○○-○○○○○○으로 2회에 걸쳐 15,000,
   000원을 송금하여 대여하였으나 변제하기로 한 지급기일이 훨씬 지나도록 이
   를 변제하지 않고 있습니다.

2. 따라서 채권자는 채무자로부터 위 대여금 15,000,000원 및 이에 대한 ○○○
   ○. ○○. ○○.부터 이 사건 지급명령결정정본을 송달받은 날까지는 연 5%의,
   그 다음날부터 다 갚는 날까지는 소송촉진등에관한특례법에서 정한 연 12%의
   각 비율에 의한 이자, 지연손해금 및 독촉절차비용을 합한 금액의 지급을 받
   기 위하여 이 사건 신청에 이르렀습니다.

소 명 자 료 및 첨 부 서 류

1. 소 갑제1호증의 1. 2,   온라인송금영수증

○○○○ 년 ○○ 월 ○○ 일

위 채권자 : ○ ○ ○   (인)

울산지방법원 양산시법원 귀중

당 사 자 표 시

1.채권자

성 명	○ ○ ○		주민등록번호	생략
주 소	경상남도 양산시 ○○로 ○○길 ○○, ○○○호			
직 업	상업	사무실 주 소	생략	
전 화	(휴대폰) 010 - 1255 - 0000			
대리인에 의한 고 소	이 사건 채권자입니다.			

2.채무자

성 명	○ ○ ○		주민등록번호	생략
주 소	경상남도 양산시 ○○로 ○길 ○○, ○○○호			
직 업	상업	사무실 주 소	생략	
전 화	(휴대폰) 010 - 9876 - 0000			
기타사항	이 사건 채무자입니다.			

3.대여금 청구의 독촉사건

신 청 취 지

채무자는 채권자에게 아래의 청구금액 및 독촉절차비용을 지급하라.

라는 지급명령을 구합니다.

1. 금 15,000,000원

2. 위 1항의 금액에 대하여 ○○○○. ○○. ○○.부터 지급명령결정정본 송달 일 까지는 연 5%의, 그 다음날부터 다 갚는 날까지 연 12%의 비율에 의한 금원.

3. 독촉절차 비용 69,600원(내역 : 송달료 62,400원, 인지대 7,200원)

신 청 이 유

1. 채권자는 ○○○○. ○○. ○○. 채무자의 간곡한 요청에 의하여 채무자의 거래 은행 계좌번호 신한은행 ○○○-○○-○○○○○○으로 2회에 걸쳐 15,000, 000원을 송금하여 대여하였으나 변제하기로 한 지급기일이 훨씬 지나도록 이 를 변제하지 않고 있습니다.

2. 따라서 채권자는 채무자로부터 위 대여금 15,000,000원 및 이에 대한 ○○○ ○. ○○. ○○.부터 이 사건 지급명령결정정본을 송달받은 날까지는 연 5%의, 그 다음날부터 다 갚는 날까지는 소송촉진 등에 관한 특례법에서 정한 연 1 2%의 각 비율에 의한 이자, 지연손해금 및 독촉절차비용을 합한 금액의 지급 을 받기 위하여 이 사건 신청에 이르렀습니다.

- 끝 -

(12)빌려준 돈 지급명령신청서 - 대여금 청구 100만원 계좌이체하여 대여하였으나 지급하지 않아 청구 지급명령신청서

지 급 명 령 신 청 서

채 권 자 : ○ ○ ○

채 무 자 : ○ ○ ○

소송물 가액금	금	1,000,000 원
첨부할 인지액	금	1,000 원
첨부한 인지액	금	1,000 원
납부한 송달료	금	62,400 원
비 고		

광주지방법원 화순군법원 귀중

지 급 명 령 신 청 서

1.채권자

성 명	○ ○ ○	주민등록번호	생략
주 소	전라남도 화순군 화순읍 동헌길 ○○, ○○○호		
직 업	상업	사무실 주 소	생략
전 화	(휴대폰) 010 - 9989 - 0000		
대리인에 의한 고 소	이 사건 채권자입니다.		

2.채무자

성 명	○ ○ ○	주민등록번호	생략
주 소	전라남도 화순군 화순읍 ○○길 ○○, ○○-○○호		
직 업	농업	사무실 주 소	생략
전 화	(휴대폰) 010 - 7786 - 0000		
기타사항	이 사건 채무자입니다.		

3.대여금 청구의 독촉사건

신 청 취 지

채무자는 채권자에게 아래의 청구금액 및 독촉절차비용을 지급하라.

라는 지급명령을 구합니다.

1. 금 1,000,000원

2. 위 1항의 금액에 대하여 지급명령결정정본 송달된 그 다음날부터 다 갚는 날 까지 연 12%의 비율에 의한 금원.

3. 독촉절차 비용 63,400원(내역 : 송달료 62,400원, 인지대 1,000원)

신 청 이 유

1. 채권자는 ○○○○. ○○. ○○. 채무자의 간곡한 요청에 의하여 채무자의 거래 은행 계좌번호 농협은행 ○○○-○○-○○○○○○으로 1회에 걸쳐 1,000,00 0원을 송금하여 대여하였으나 변제하기로 한 지급기일이 훨씬 지나도록 이를 변제하지 않고 있습니다.

2. 그 후 채권자는 채무자에게 수차에 걸처 전화로 연락을 하였으나 이제는 아예 전화자체를 받지 않고 현재에 이르기까지 지급하지 않고 있습니다.

3. 따라서 채권자는 채무자로부터 위 대여금 1,000,000원 및 이에 대한 이 사건 지급명령결정정본을 송달받은 그 다음날부터 다 갚는 날까지는 소송촉진 등에 관한 특례법에서 정한 연 12%의 각 비율에 의한 이자와 지연손해금 및 독촉 절차비용을 합한 금액의 지급을 받기 위하여 이 사건 지급명령신청에 이르렀 습니다.

소 명 자 료 및 첨 부 서 류

1. 소 갑제1호증   온라인계좌송금영수증

○○○○ 년 ○○ 월 ○○ 일

위 채권자 : ○ ○ ○ (인)

광주지방법원 화순군법원 귀중

당 사 자 표 시

1. 채권자

성 명	○ ○ ○		주민등록번호	생략
주 소	전라남도 화순군 화순읍 동헌길 ○○, ○○○호			
직 업	상업	사무실 주 소	생략	
전 화	(휴대폰) 010 - 9989 - 0000			
대리인에 의한 고 소	이 사건 채권자입니다.			

2. 채무자

성 명	○ ○ ○		주민등록번호	생략
주 소	전라남도 화순군 화순읍 ○○길 ○○, ○○-○○호			
직 업	농업	사무실 주 소	생략	
전 화	(휴대폰) 010 - 7786 - 0000			
기타사항	이 사건 채무자입니다.			

3.대여금 청구의 독촉사건

신 청 취 지

채무자는 채권자에게 아래의 청구금액 및 독촉절차비용을 지급하라.

라는 지급명령을 구합니다.

1. 금 1,000,000원

2. 위 1항의 금액에 대하여 지급명령결정정본 송달된 그 다음날부터 다 갚는 날 까지 연 12%의 비율에 의한 금원.

3. 독촉절차 비용 63,400원(내역 : 송달료 62,400원, 인지대 1,000원)

신 청 이 유

1. 채권자는 ○○○○. ○○. ○○. 채무자의 간곡한 요청에 의하여 채무자의 거래 은행 계좌번호 농협은행 ○○○-○○-○○○○○○으로 1회에 걸쳐 1,000,00 0원을 송금하여 대여하였으나 변제하기로 한 지급기일이 훨씬 지나도록 이를 변제하지 않고 있습니다.

2. 그 후 채권자는 채무자에게 수차에 걸쳐 전화로 연락을 하였으나 이제는 아예 전화자체를 받지 않고 현재에 이르기까지 지급하지 않고 있습니다.

3. 따라서 채권자는 채무자로부터 위 대여금 1,000,000원 및 이에 대한 이 사건 지급명령결정정본을 송달받은 그 다음날부터 다 갚는 날까지는 소송촉진 등에 관한 특례법에서 정한 연 12%의 각 비율에 의한 이자와 지연손해금 및 독촉 절차비용을 합한 금액의 지급을 받기 위하여 이 사건 지급명령신청에 이르렀 습니다.

- 끝 -

(13)빌려준 돈 지급명령신청서 – 대여금 청구 계좌이체송금 200만원 변제하지 않아 지급을 청구하는 지급명령신청서

지 급 명 령 신 청 서

채 권 자 : ○   ○   ○

채 무 자 : ○   ○   ○

소송물 가액금	금	2,000,000 원
첨부할 인지액	금	1,000 원
첨부한 인지액	금	1,000 원
납부한 송달료	금	62,400 원
비 고		

수원지방법원 평택지원 귀중

지급명령신청서

1.채권자

성 명	○ ○ ○	주민등록번호	-
주 소	경기도 평택시 ○○로 ○○, ○○○-○○○○호		
직 업	상업	사무실 주 소	생략
전 화	(휴대폰) 010 - 1267 - 0000		
대리인에 의한 고 소	이 사건 채권자입니다.		

2.채무자

성 명	○ ○ ○	주민등록번호	생략
주 소	경기도 평택시 ○○로 ○○, ○○○호		
직 업		사무실 주 소	생략
전 화	(휴대폰) 010 - 6123 - 0000		
기타사항	이 사건 채무자입니다.		

3.대여금 청구의 독촉사건

신 청 취 지

채무자는 채권자에게 아래의 청구금액 및 독촉절차비용을 지급하라.

라는 지급명령을 구합니다.

1. 금 2,000,000원

2. 위 1항의 금액에 대하여 지급명령결정정본이 송달된 그 다음날부터 다 갚는 날까지 연 12%의 비율에 의한 금원.

3. 독촉절차 비용 63,400원(내역 : 송달료 62,400원, 인지대 1,000원)

신 청 이 유

1. 채권자는 ○○○○. ○○. ○○. 채무자의 간곡한 요청에 의하여 차용증을 받지 아니하고 채무자의 거래은행으로 별지첨부 한 현금자동입출금기 거래명세표와 같이 1회에 걸쳐 2,000,000원을 송금하고 빌려줬는데 변제하기로 한 지급기일이 훨씬 지나도록 차일피일 지체하면서 이를 변제하지 않고 있습니다.

2. 따라서 채권자는 채무자에게 수차에 걸쳐 변제를 독촉하였으나 차일피일 변제를 미루어 오다가 이제는 아예 전화연락이 두절된 상태입니다.

3. 채권자는 채무자로부터 위 대여금 2,000,000원 및 이에 대한 이 사건 지급명령정본을 송달받은 그 다음날부터 다 갚는 날까지는 소송촉진 등에 관한 특례법에서 정한 연 12%의 각 비율에 의한 이자와 지연손해금 및 독촉절차비용을 합한 금액의 지급을 받기 위하여 이 사건 지급명령신청에 이르렀습니다.

소 명 자 료 및 첨 부 서 류

1. 소 갑제1호증   현금자동입출금기 거래명세표

○○○○ 년 ○○ 월 ○○ 일

위 채권자 : ○ ○ ○ (인)

수원지방법원 평택지원 귀중

당 사 자 표 시

1.채권자

성 명	○ ○ ○	주민등록번호	-
주 소	경기도 평택시 ○○로 ○○, ○○○-○○○○호		
직 업	상업	사무실 주 소	생략
전 화	(휴대폰) 010 - 1267 - 0000		
대리인에 의한 고 소	이 사건 채권자입니다.		

2.채무자

성 명	○ ○ ○	주민등록번호	생략
주 소	경기도 평택시 ○○로 ○○, ○○○호		
직 업		사무실 주 소	생략
전 화	(휴대폰) 010 - 6123 - 0000		
기타사항	이 사건 채무자입니다.		

3.대여금 청구의 독촉사건

신 청 취 지

채무자는 채권자에게 아래의 청구금액 및 독촉절차비용을 지급하라.

라는 지급명령을 구합니다.

1. 금 2,000,000원

2. 위 1항의 금액에 대하여 지급명령결정정본이 송달된 그 다음날부터 다 갚는 날까지 연 12%의 비율에 의한 금원.

3. 독촉절차 비용 63,400원(내역 : 송달료 62,400원, 인지대 1,000원)

신 청 이 유

1. 채권자는 ○○○○. ○○. ○○. 채무자의 간곡한 요청에 의하여 차용증을 받지 아니하고 채무자의 거래은행으로 별지첨부 한 현금자동입출금기 거래명세표와 같이 1회에 걸쳐 2,000,000원을 송금하고 빌려줬는데 변제하기로 한 지급기일이 훨씬 지나도록 차일피일 지체하면서 이를 변제하지 않고 있습니다.

2. 따라서 채권자는 채무자에게 수차에 걸쳐 변제를 독촉하였으나 차일피일 변제를 미루어 오다가 이제는 아예 전화연락이 두절된 상태입니다.

3. 채권자는 채무자로부터 위 대여금 2,000,000원 및 이에 대한 이 사건 지급명령정본을 송달받은 그 다음날부터 다 갚는 날까지는 소송촉진 등에 관한 특례법에서 정한 연 12%의 각 비율에 의한 이자와 지연손해금 및 독촉절차비용을 합한 금액의 지급을 받기 위하여 이 사건 지급명령신청에 이르렀습니다.

- 끝 -

(14)빌려준 돈 지급명령신청서 - 대여금청구 채무자가 원리금을 지급하지 않아 원금과 이자를 청구하는 지급명령신청서 최신서식

지 급 명 령 신 청 서

채 권 자 : ○ ○ ○

채 무 자 : ○ ○ ○

소송물 가액금	금	3,000,000 원
첨부할 인지액	금	1,500 원
첨부한 인지액	금	1,500 원
납부한 송달료	금	62,400 원
비 고		

순천지원 고흥군법원 귀중

지급명령신청서

1.채권자

성　명	○ ○ ○	주민등록번호	생략
주　소	전라남도 고흥군 도화면 오치길 ○○○호		
전　화	010 - 3489 - 0000		

2.채무자

성　명	○ ○ ○	주민등록번호	생략
주　소	전라남도 고흥군 대서면 동서로 ○○○호		
전　화	010 - 1275 - 0000		

3. 대여금 청구의 독촉사건

신 청 취 지

채무자는 채권자에게 아래의 청구금액 및 독촉절차비용을 지급하라.

라는 지급명령을 구합니다.

1. 금 3,000,000원

2. 위 1항의 금액에 대하여 ○○○○. ○○. ○○.부터 지급명령결정정본 송달 일까지는 연 18%의, 그 다음날부터 다 갚는 날까지 연 12%의 비율에 의한 금원.

3. 독촉절차 비용 63,900원(내역 : 송달료 62,400원, 인지대 1,500원)

신 청 이 유

1. 채권자는 ○○○○. ○○. ○○. 채무자의 간곡한 요청에 의하여 채무자로부터 현금보관증을 교부받고 금 3,000,000원을 변제기일은 ○○○○. ○○. ○○.까지 이자는 월 1.5%를 지급받기로 하고 빌려준 사실이 있습니다.

2. 채무자는 위 대여금에 대한 지급기일이 훨씬 지나도록 조금만 기다려 달라면서 차일피일 미루기만 하고 현재에 이르기까지 위 대여금을 지급하지 않고 있습니다.

3. 따라서 채권자는 채무자로부터 위 대여금 3,000,000원 및 이에 대한 ○○○○. ○○. ○○.부터 이 사건 지급명령결정정본을 송달 받은 날까지는 약정한 이자인 연 18%(계산의 편의상 월 1.5%를 연단위로 환산하였습니다)의, 그 다음날부터 다 갚는 날까지는 소송촉진등에관한특례법에서 정한 연 12%의 각 비율에 의한 지연손해금 및 독촉절차비용을 합한 금액의 지급을 받기 위하여 이 사건 신청에 이르렀습니다.

소 명 자 료 및 첨 부 서 류

1. 소 갑제1호증   현금보관증

○○○○ 년 ○○ 월 ○○ 일

위 채권자 : ○ ○ ○   (인)

순천지원 고흥군법원 귀중

당 사 자 표 시

1. 채권자

성 명	○ ○ ○	주민등록번호	생략
주 소	전라남도 고흥군 도화면 오치길 ○○○호		
전 화	010 - 3489 - 0000		

2. 채무자

성 명	○ ○ ○	주민등록번호	생략
주 소	전라남도 고흥군 대서면 동서로 ○○○호		
전 화	010 - 1275 - 0000		

3.대여금 청구의 독촉사건

신 청 취 지

채무자는 채권자에게 아래의 청구금액 및 독촉절차비용을 지급하라.

라는 지급명령을 구합니다.

1. 금 3,000,000원

2. 위 1항의 금액에 대하여 ○○○○. ○○. ○○.부터 지급명령결정정본 송달 일까지는 연 18%의, 그 다음날부터 다 갚는 날까지 연 12%의 비율에 의한 금원.

3. 독촉절차 비용 63,900원(내역 : 송달료 62,400원, 인지대 1,500원)

신 청 이 유

1. 채권자는 ○○○○. ○○. ○○. 채무자의 간곡한 요청에 의하여 채무자로부터 현금보관증을 교부받고 금 3,000,000원을 변제기일은 ○○○○. ○○. ○○.까지 이자는 월 1.5%를 지급받기로 하고 빌려준 사실이 있습니다.

2. 채무자는 위 대여금에 대한 지급기일이 훨씬 지나도록 조금만 기다려 달라면서 차일피일 미루기만 하고 현재에 이르기까지 위 대여금을 지급하지 않고 있습니다.

3. 따라서 채권자는 채무자로부터 위 대여금 3,000,000원 및 이에 대한 ○○○○. ○○. ○○.부터 이 사건 지급명령결정정본을 송달 받은 날까지는 약정한 이자인 연 18%(계산의 편의상 월 1.5%를 연단위로 환산하였습니다)의, 그 다음날부터 다 갚는 날까지는 소송촉진등에관한특례법에서 정한 연 12%의 각 비율에 의한 지연손해금 및 독촉절차비용을 합한 금액의 지급을 받기 위하여 이 사건 신청에 이르렀습니다.

- 끝 -

지 급 명 령 신 청 서

채 권 자 : ○   ○   ○

채 무 자 : ○   ○   ○

소송물 가액금	금	500,000 원
첨부할 인지액	금	1,000 원
첨부한 인지액	금	1,000 원
납부한 송달료	금	62,400 원
비 고		

광주지방법원 순천지원 구례군법원 귀중

지급명령신청서

1.채권자

성 명	○ ○ ○	주민등록번호	생략
주 소	전라남도 구례군 구례읍 학교길 ○○, ○○○호		
직 업	상업	사무실 주 소	생략
전 화	(휴대폰) 010 - 2345 - 0000		
대리인에 의한 고 소	이 사건 채권자입니다.		

2.채무자

성 명	○ ○ ○	주민등록번호	생략
주 소	전라남도 구례군 구례읍 ○○로 ○길 ○○, ○○호		
직 업	상업	사무실 주 소	생략
전 화	(휴대폰) 010 - 2322 - 0000		
기타사항	이 사건 채무자입니다.		

3.대여금 청구의 독촉사건

신 청 취 지

채무자는 채권자에게 아래의 청구금액 및 독촉절차비용을 지급하라.
라는 지급명령을 구합니다.

1. 금 500,000원

2. 위 1항의 금액에 대하여 지급명령결정정본이 송달된 일까지는 그 다음날부터 다 갚는 날까지 연 12%의 비율에 의한 금원.

3. 독촉절차 비용 63,400원(내역 : 송달료 62,400원, 인지대 1,000원)

신 청 이 유

1. 채권자는 ○○○○. ○○. ○○. 채무자의 부탁에 의하여 채무자가 불러주는 신용협동조합 계좌번호 ○○-○○○-○○-○○○○으로 1회에 걸쳐 송금하여 대여하였으나 현재에 이르기까지 지급하지 않고 있습니다.

2. 따라서 채권자는 채무자로부터 위 대여금 500,000원 및 이에 대한 지급명령결정정본이 송달된 그 다음날부터 다 갚는 날까지는 소송촉진 등에 관한 특례법에서 정한 연 12%의 각 비율에 의한 지연손해금 및 독촉절차비용을 합한 금액의 지급을 받기 위하여 이 사건 신청에 이르렀습니다.

소 명 자 료 및 첨 부 서 류

1. 소 갑제1호증   계좌송금내역서

○○○○ 년 ○○ 월 ○○ 일

위 채권자 : ○   ○   ○   (인)

광주지방법원 순천지원 구례군법원 귀중

당 사 자 표 시

1.채권자

성 명	○ ○ ○		주민등록번호	생략
주 소	전라남도 구례군 구례읍 학교길 ○○, ○○○호			
직 업	상업	사무실 주 소	생략	
전 화	(휴대폰) 010 - 2345 - 0000			
대리인에 의한 고 소	이 사건 채권자입니다.			

2.채무자

성 명	○ ○ ○		주민등록번호	생략
주 소	전라남도 구례군 구례읍 ○○로 ○길 ○○, ○○호			
직 업	상업	사무실 주 소	생략	
전 화	(휴대폰) 010 - 2322 - 0000			
기타사항	이 사건 채무자입니다.			

3.대여금 청구의 독촉사건

신 청 취 지

채무자는 채권자에게 아래의 청구금액 및 독촉절차비용을 지급하라.

라는 지급명령을 구합니다.

1. 금 500,000원

2. 위 1항의 금액에 대하여 지급명령결정정본이 송달된 일까지는 그 다음날부터 다 갚는 날까지 연 12%의 비율에 의한 금원.

3. 독촉절차 비용 63,400원(내역 : 송달료 62,400원, 인지대 1,000원)

신 청 이 유

1. 채권자는 ○○○○. ○○. ○○. 채무자의 부탁에 의하여 채무자가 불러주는 신용협동조합 계좌번호 ○○-○○○-○○-○○○○으로 1회에 걸쳐 송금하여 대여하였으나 현재에 이르기까지 지급하지 않고 있습니다.

2. 따라서 채권자는 채무자로부터 위 대여금 500,000원 및 이에 대한 지급명령결정정본이 송달된 그 다음날부터 다 갚는 날까지는 소송촉진 등에 관한 특례법에서 정한 연 12%의 각 비율에 의한 지연손해금 및 독촉절차비용을 합한 금액의 지급을 받기 위하여 이 사건 신청에 이르렀습니다.

- 끝 -

◨ 편 저 대한법률콘텐츠연구회 ◨

(연구회 발행도서)

· 지급명령 이의신청서 답변서 작성방법
· 새로운 고소장 작성방법 고소하는 방법
· 민사소송 준비서면 작성방법
· 형사사건 탄원서 작성 방법
· 형사사건 양형자료 반성문 작성방법
· 공소장 공소사실 의견서 작성방법
· 불기소처분 고등법원 재정신청서 작성방법
· 불 송치 결정 이의신청서 재수사요청

소액 빌려준 돈 사기고소·소액 민사소송·지급명령신청 지침서

빌려준돈 받는 방법 사기고소·민사소송 지급명령신청

2024년 11월 15일 인쇄
2024년 11월 20일 발행

편 저 대한법률콘텐츠연구회
발행인 김현호
발행처 법문북스
공급처 법률미디어

주소 서울 구로구 경인로 54길4(구로동 636-62)
전화 02)2636-2911~2, 팩스 02)2636-3012
홈페이지 www.lawb.co.kr

홈페이지 www.lawb.co.kr
페이스북 www.facebook.com/bummun3011
인스타그램 www.instagram.com/bummun3011
네이버 블로그 blog.naver.com/bubmunk

등록일자 1979년 8월 27일
등록번호 제5-22호

ISBN 979-11-93350-75-1 (13360)

정가 28,000원